सनातन संस्कृति का महापर्व
सिंहस्थ

सनातन संस्कृति का महापर्व
सिंहस्थ

सिद्धार्थ शंकर गौतम

प्रभात प्रकाशन, दिल्ली
ISO 9001:2008 प्रकाशक

प्रकाशक • **प्रभात प्रकाशन**
4/19 आसफ अली रोड,
नई दिल्ली-110002

संस्करण • प्रथम, 2016
मूल्य • दो सौ पचास रुपए
मुद्रक • आर-टेक ऑफसेट प्रिंटर्स, दिल्ली

SANATAN SANSKRITI KA MAHAPARVA SIMHASTHA
by Siddhartha Shankar Gautam ₹ 250.00
Published by Prabhat Prakashan, 4/19 Asaf Ali Road, New Delhi-2
e-mail: prabhatbooks@gmail.com ISBN 978-93-5186-829-3

आत्मकथ्य

यह मेरा सौभाग्य है कि मेरे शैक्षणिक जीवन का एक महत्त्वपूर्ण कालखंड उज्जैन में व्यतीत हुआ है। इसी नगरी से मेरे जीवन-यापन की शुरुआत भी हुई, अत: जन्मस्थली न होने के बावजूद उज्जैन नगरी मुझे आकर्षित करती है। आध्यात्मिक, पौराणिक एवं सामाजिक चेतना के उभार के लिए उज्जैन का इतिहास स्वर्णाक्षरों में लिखा जाने योग्य है। उज्जैन को मंदिरों की नगरी भी कहा जाता है। पुण्य सलिला शिप्रा के दाहिने तट पर बसे इस नगर को भारत की मोक्षदायक सप्तपुरियों में एक माना गया है। सनातन संस्कृति के सबसे बड़े पर्व 'सिंहस्थ' के आयोजन और कालगणना के केंद्र के रूप में उज्जैन की ख्याति अनंत है। ऐसी नगरी के विषय में लिखना और सिंहस्थ महापर्व का साक्षी बनना मैं अपना सौभाग्य समझता हूँ। हालाँकि उज्जैन की महिमा का शब्दों में वर्णन सूर्य को दीये की रोशनी दिखाने जैसा है, किंतु युवा पीढ़ी को सनातन संस्कृति, हिंदुत्व और अध्यात्म के बारे में जानकारी देना मैं अपना कर्तव्य समझता हूँ। अतएव मेरी कोशिश रही है कि मैं उज्जैन से जुड़ी सामान्य जानकारी, सिंहस्थ महापर्व का माहात्म्य, अखाड़ों की संक्षिप्त जानकारी के साथ ही सुधी पाठकों को राष्ट्र के महान् मनीषियों, संत परंपरा के स्तंभ, गुरु-शिष्य परंपरा के पोषक विद्वज्जनों के विचार आप तक पहुँचाऊँ।

पुस्तक में विविध विषय के संकलन से लेकर उनके चुनाव तक में जिन वरिष्ठजनों का सहयोग रहा है, उनके प्रति मैं नतमस्तक हूँ। इसके अलावा मध्य प्रदेश जनसंपर्क विभाग का सहयोग भी वंदनीय है। मेरी पत्नी श्रीमती सीमा सिद्धार्थ गौतम का मैं विशेष उल्लेख करना चाहूँगा जिन्होंने इस पुस्तक की रचना में मुझे सहयोग दिया। पुस्तक में जिन मनीषियों ने अपने विचार व्यक्त किए हैं, उन सभी का मैं चरण-वंदन करता हूँ। मुझे विश्वास है कि मेरा यह प्रयास पाठकों में अध्यात्म की प्रवृत्ति को जगाएगा तथा वे सनातन संस्कृति के आदर्शों पर चलते हुए महान् राष्ट्र की उन्नति में योगदान देंगे। इति शुभमस्तु।

—सिद्धार्थ शंकर गौतम

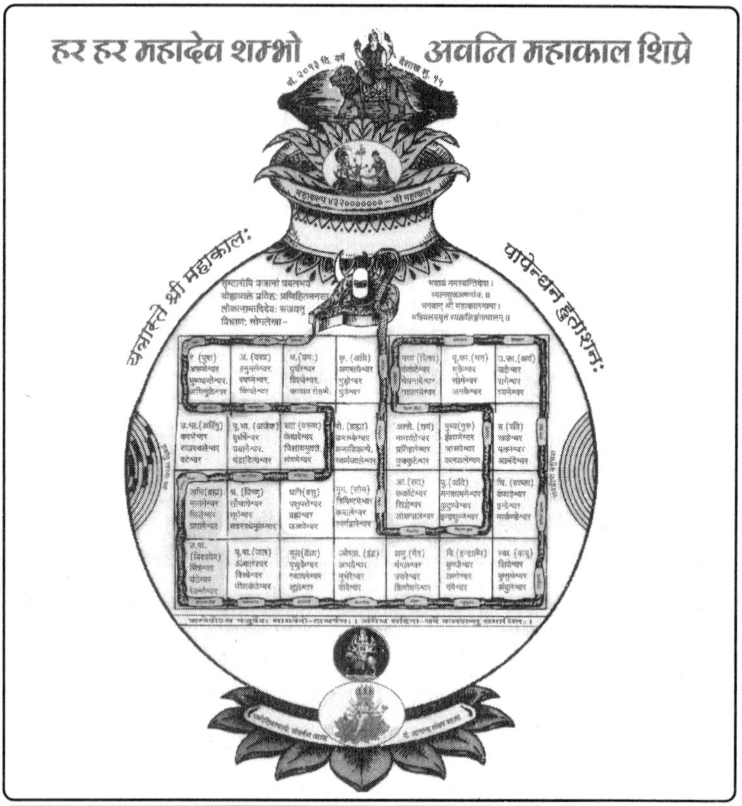

उज्जयिन्या : कुंभ (पर्व) चक्रम्

संक्षिप्त परिचय—यह चक्र व्यतीत कुंभ पर्व सं. 2013 वि. (सन् 56) के अनुसंधान में सतत रत पूज्य पिताजी स्व. पं. संकर्षणजी व्यास की उपलब्धि है। कलश के शीर्ष पर श्रीफल और उसपर पर्व के मुख्य देव बृहस्पति अपनी पर्व राशि (सिंह) के वाहन पर स्थित हैं। कलश के मुख पर भगवान् विष्णु हिरण्यमयेन पात्रेण के अनुसार तथा कलश कंठ में रुद्र रूप से श्रीमहाकाल ही प्रणवाकृति से प्रदर्शित हैं, यहाँ महाकाल के प्रणव मय रूप में जलाधारी 'उ' है, मात्रा यहाँ सर्पमुख है तथा चंद्र एवं रुद्रशिर अनुस्वार हो जाते हैं।

भगवान् शंकर ने गरल पान किया था, अतएव नीलकंठ हो यहाँ स्वयं अमृत-मय कलश के कंठ में बैठकर गरग्लाग्नि शमन करते हुए, गरलहीन सर्प शिप्रा को अपने शिरस्थित सोमलेखा से सोमपान कराते हुए गंगावतरण रूप में यहाँ महाकाल के शीर्ष से गिरकर शिप्रा अहिवलयाकार हो संपूर्ण क्षेत्र को वेष्ठित किए हुए हैं। सोमपान से शिप्रा सोमवती हो अमृतमयी हो रही है। अवंति खंड में लिखा है—**सरित्सोमा समुत्पन्ना व्यासते नैव तेजसा, पृविष्टा सा नदी शिप्रा अमृते नाति पूरिता। ततः सोमवती शिप्रा विख्याता ह्याति पुण्यदा॥**

इसी चक्र में शिप्रा अपने 28 भाग में (अहिवलयाकार चक्र में) कृत्तिकादि नक्षत्र क्रम से भ्रमण करते हुए दिखाई देते हैं। प्रत्येक भाग में 1-1 तीर्थ और 3-3 शिवलिंग दरशाते हुए शिप्रा स्थित 28 तीर्थ और मुख्य 84 लिंग इस चक्र में आ जाते हैं। कलश के कुक्षिद्वय पर सप्तसागर एवं सप्तद्विप, सांगवेद चतुष्टय, मूल में ब्रह्मा एवं मध्य में मातृगण देते हुए 'कलशस्य मुखे विष्णुः कण्ठे रुद्रसमाश्रिताः' कलश की स्तुति को यह चक्र साकार कर देता है। कलश के अंतर्गत 28 कोठेवाला अहिवलय चक्र ही कुंडलिनी चक्र है, सुषुम्ना यहाँ शिप्रा रूप में प्रदर्शित है। इन्हीं 84 लिंगों से वार्हस्पत्य भ्रमण के द्वारा पर्व का स्वरूप सिद्ध हो जाता है। अतएव कलश चक्र का आध्यामिक, पौराणिक, यौगिक के साथ-साथ ज्योतिष से भी संबंध हो जाता है। अमृत बिंदु के पतन से अमृतमयी अवंतिका के कुंभ पर्व पर, अमृत कलश में विराजमान उज्जयिनी के सभी प्रमुख देवता और सभी तीर्थ के तत्त्व रूप से दर्शन हो जाते हैं। इस प्रकार इस चक्र के नित्य दर्शन से श्री महाकालेश्वर आदि के साथ तीर्थ के संपूर्ण देवताओं का स्मरण, दर्शन और पूजन का पुण्य लाभ सहज ही प्राप्त हो जाता है।

व्यतीत सं. 1836 से 2013 तक उज्जैन के सिंहस्थ पर्व की तालिका

क्रमांक	1	2	3	4	5	6	7	8	9	10	11	12	13	14	15	16
संवत्	1836	1847	1859	1871	1883	1895	1907	1919	1930	1942	1954	1966	1978	1990	2002	2013
शक	1701	1712	1724	1736	1748	1760	1772	1784	1795	1807	1819	1831	1843	1855	1867	1878
वै.शु. 15 वार	शु	बु	चं	बु	च	बु	श	म	चं	बु	र	बु	श	मं	र	गु
गुरु र.	4	4	4	4	4	4	4	4	4	4	4	4	4	4	4	4
गुरु अ.	29	3	5	11	19	20	24	28	2	6	11	15	19	23	27	3
सूर्य रा.	0	0	1	0	1	0	1	1	0	0	1	0	1	0	1	1
सूर्य अ.	19	17	4	21	8	20	11	0	29	16	3	21	6	20	10	9
पर्याय	6	11 वर्ष में	1	2	3	4	5	6	11 वर्ष में	1	2	3	4	5	6	11 वर्ष में

जो इनकी शरण आया!

—डॉ. सोमदत्त गौतम

धन्य है उज्जैन नगरी,
धन्य हैं उज्जैन वासी,
जिन्हें भय से मुक्त करते,
भक्तवत्सल मृत्युनाशी।
वे सरल, विकराल हैं,
काल के भी काल हैं,
बंधनों से मुक्ति पाया।
जो इनकी शरण आया॥

हैं पुराणों में लिखी—
इन भूत भावन की कथाएँ,
कीर्तिगायन कर रही हैं,
गगन चुंबी पताकाएँ।
विश्व का कल्याण करने
के लिए विषपान करते
है दया की दृष्टि जिन पर,
नहीं पाते यंत्रणाएँ,
बड़े भोले, बड़े भाले,
महाकालेश्वर निराले;
नहीं व्यापी उसे माया।
जो इनकी शरण आया॥

सहज पूजन, सहज दर्शन,
सिद्धवट पर पितृतर्पण,
और मंगलनाथ करते-
अमंगल का मान-मर्दन;
नगर रक्षक कालभैरव
और भी अनुपम निराले,
भक्तजन निज भाव से,
करते मुदित मन सुरा-अर्पण;
पाप की करती विदाई,
नदी शिप्रा मुक्तिदाई,
पतित को पावन बनाया।
जो इनकी शरण आया॥

और अगणित रूप शिव के,
क्षेत्र में कल्याणकारी,
नगर भीतर और बाहर,
बने मंदिर मनोहारी;
पास ही हरसिद्धि माता,
बड़े गणपति विघ्नहर्ता,
मूर्ख से कवि-गुरु हुआ,
गढ़कालिका माँ का पुजारी;
पुण्य का जब उदय होता,
कौन फिर शिव विमुख होता,
तुच्छ लगते मोह-माया।
जो इनकी शरण आया॥

□

अनुक्रम

खंड–2

खंड-1

मैं उज्जैन हूँ

मैं उज्जैन हूँ। कालगणना के केंद्र के रूप में प्रतिष्ठित, काल के अधिष्ठातृ देवता ज्योतिर्लिंग भगवान् महाकालेश्वर से अधिष्ठित, मंगलग्रह की जन्मस्थली, अमृतवाहिनी शिप्रा के पावन तट पर अवस्थित, कविकुलगुरु कालिदास की कर्मस्थली, योगी जगद्गुरु श्रीकृष्ण की शिक्षास्थली, न्यायप्रिय विक्रमादित्य की न्यायभूमि—मैं उज्जैन हूँ। सप्तमोक्षदायिनी पुरियों में मैं ज्योतिषशास्त्र की एक प्रमुख पीठ के रूप में प्रसिद्ध हूँ। प्राचीनकाल से ही काल, शिक्षा, विद्या, धर्म, न्याय, तपस्या और संस्कृति का प्रतिष्ठित केंद्र, मैं उज्जैन हूँ। मैं तीर्थत्रयी भी हूँ। ज्योतिर्लिंग के कारण शिवतीर्थ, शक्तिपीठ; हरसिद्धि के कारण शक्तितीर्थ और भगवान् श्रीकृष्ण की शिक्षास्थली होने से विष्णुतीर्थ हूँ। मैं उज्जैन हूँ। मालवा क्षेत्र में कर्क रेखा पर स्थित मेरे गणितीय महत्त्व को अनदेखा नहीं किया जा सकता। मैंने बिंदुसार के शासनकाल में सम्राट् अशोक की न्यायप्रियता को भी देखा है। भगवान् महावीर भी धर्म-प्रवर्तन हेतु मेरी धरा पर आए। मैं हिंदू, बौद्ध, जैन धर्मावलंबियों की आस्था का केंद्र हूँ। मैं उज्जैन हूँ।

कालों के काल, भूतेश्वर महाकाल मेरे अधिपति आदिदेव हैं। महाकालेश्वर की मान्यता भारत के प्रमुख बारह ज्योतिर्लिंगों में की जाती है। महाकालेश्वर का माहात्म्य विभिन्न पुराणों में विस्तृत रूप से मिलता है। महाकवि कालिदास से लेकर संस्कृत साहित्य के अनेक कवियों ने महाकालेश्वर का वर्णन भाव-विभोर होकर किया है।

आकाशे तारकं लिङ्गं, पाताले हाटकेश्वरम्।
मृत्युलोके महाकालं, लिङ्गंत्रय नमोस्तुते॥

लोक-परंपरा में महाकाल की प्रतिष्ठा अनादि है। महाकालेश्वर लिंग स्थापना को लेकर स्कंद पुराण के ब्रह्मखंड में राजा चंद्रसेन व श्रीकर गोप का उल्लेख है। राजा चंद्रसेन शिवोपासक थे, वहीं श्रीकर गोप एक ग्वालिन का बेटा था। ऐसा कहा जाता है कि उज्जयिनी के राजा चंद्रसेन की शिवभक्ति से प्रसन्न होकर श्री मणिभद्र ने उन्हें एक चिंतामणि भेंट की। मणि के समक्ष चिंतन करने से ही मन की इच्छा वाली वस्तु मिल जाती थी। इससे अन्य राजा मणिधारी चंद्रसेन से ईर्ष्या करने लगे। कई बार अन्य राजाओं ने उज्जयिनी को घेरा और मणि छीनने के लिए युद्ध किया। राजा युद्धों से परेशान होकर भगवान् शंकर की आराधना करने लगे। जब वे ऐसा कर रहे थे, तब एक विधवा ग्वालिन अपने पुत्र के साथ वहाँ आ पहुँची। राजा द्वारा किए जा रहे विशेष पूजन को देखकर ग्वालिन घर वापस आ गई। वह दृश्य बालक भी देख रहा था। उसने एक पत्थर लिया और उसे शिवलिंग मानकार पूजने लगा। उसने पत्थर को नहलाया और पुष्प-गंध अर्पित किए। तत्पश्चात् वह शिव की साधना में लीन हो गया। अपने पुत्र को भोजन हेतु बुलाने गई ग्वालिन ने जब कई आवाजें दीं और पुत्र शिव-साधना से नहीं उठा तो वह झल्ला गई। उसने शिवलिंग रूपी पत्थर को फेंक दिया। इस पर पुत्र की साधना टूटी तो वह रोने लगा।

रोते-रोते वह बालक कुछ देर बाद मूर्च्छित हो गया। जब उसे होश आया तो उसने स्वयं को एक शिवालय में पाया, जहाँ मणि-स्फटिक के स्तंभ थे और उसके द्वार सोने के थे। इस पर बालक ने शिवलिंग को प्रणाम किया और मंदिर के बाहर आया। मंदिर के समीप वाले भवन में उसने अपनी माँ को रत्नाभूषण धारण किए सोता पाया। उसने माँ को जगाया। यह सब देखकर उसकी ग्वालिन माँ भी आश्चर्यचकित रह गई। इधर यह समाचार राजा चंद्रसेन तक पहुँचा तो वे तत्काल उस शिवालय में आए। उधर हमलावर राजाओं के मन से अपने आप बैरभाव समाप्त हो गया। इसी समय भगवान्

शंकर प्रकट हुए। उनके साथ महाबली हनुमान भी थे। हनुमान ने बालक गोप को कहा कि उसकी आठवीं पीढ़ी में इंद्र पैदा होंगे। उनके यहाँ योगीश्वर श्रीकृष्ण भगवान् का जन्म होगा। गोप बालक 'श्रीकर' के नाम से प्रसिद्ध होगा। यह आशीर्वाद देकर महाबली हनुमान अंतर्धान हो गए। बालक गोप द्वारा स्थापित शिवलिंग में स्वयं भगवान् शंकर महाकालेश्वर के रूप में उज्जयिनी में स्थापित हो गए।

इतिहास के प्रत्येक युग में—शुंग, कुषाण, सातवाहन, गुप्त, परिहार, परमार और आधुनिक मराठाकाल में महाकालेश्वर मंदिर का निरंतर जीर्णोद्धार होता रहा है। 1235 ई. में इल्तुतमिश ने इसे नष्ट कर दिया था। राणोजी सिंधिया के काल में मालवा के सूबेदार रामचंद्र बाबा शेणवी द्वारा वर्तमान मंदिर का पुनर्निर्माण करवाया गया था। मंदिर में प्रतिष्ठित महाकाल की प्रतिमा दक्षिण-मूर्ति है। तांत्रिक परंपरा में प्रसिद्ध दक्षिण-मूर्ति पूजा का महत्त्व बारह ज्योतिर्लिंगों में केवल महाकाल को ही प्राप्त है। मंदिर प्रांगण के तीसरे खंड में नागचंद्रेश्वर की प्रतिमा के दर्शन वर्ष में एक बार सिर्फ नागपंचमी के दिन ही होते हैं। महाकाल के प्रति आस्था का यह आलम था कि मुगलकाल में भी भूतेश्वर की पूजा के लिए शासकीय सनदें मंदिर को प्राप्त होती रहीं है। वर्तमान में महाकाल मंदिर की देखरेख महाकाल मंदिर समिति करती है।

मेरी धरा पर प्राचीन और पवित्र स्थानों की कोई कमी नहीं है। शक्तिपीठ हरसिद्धि देवी का मंदिर ऐसा ही एक पवित्र स्थान है। हरसिद्धि वैष्णवी देवी हैं। शिवपुराण के अनुसार दक्ष प्रजापति के यज्ञ में सती को यज्ञ कुंड से उठाकर शिव जब ले जा रहे थे, तब सती की कोहनी यहीं गिरी थी। तांत्रिकों के ग्रंथों में इस स्थान को 'सिद्धपीठ' कहा गया है। स्कंद पुराण के अनुसार, प्राचीनकाल में चंड-प्रचंड नामक दो असुर थे। अपने प्रबल पराक्रम का आतंक इन्होंने तीनों लोकों में फैला रखा था। एक बार दोनों असुर कैलास पर्वत पर गए, जहाँ शिव-पार्वती द्यूतक्रीड़ा में निरत थे। उन्होंने अंदर जाने का प्रयास किया, जिसे शिव के नंदीगणों ने विफल कर दिया। दोनों ने बड़ी शक्ति से नंदीगणों पर आक्रमण किया और उन्हें शस्त्रों से घायल कर दिया।

यह देखकर शिव ने चंडी का स्मरण किया। देवी के प्रकट होने पर शिव ने उन्हें असुरों का वध करने का आदेश दिया और देवी ने दोनों असुरों का वध कर दिया। शिव देवी से प्रसन्न हुए और प्रसन्न होकर कहा कि हे चंडी तुमने इन दुष्टों का वध किया है, अत: तीनों लोकों में तुम्हारा नाम 'हरसिद्धि' प्रसिद्ध होगा।

लोक परंपरा के अनुसार, 'हरसिद्धि' सम्राट् विक्रमादित्य की आराध्य देवी हैं। वीर राजा विक्रमादित्य ने अपनी आराध्य देवी को प्रसन्न करने के लिए ग्यारह बार अपने मस्तक को अपने ही हाथों अर्पित किया और हर बार वह पुन: उनके शरीर से जुड़ गया। 135 वर्षों तक विक्रमादित्य का उज्जयिनी में शासन रहा। इस मंदिर का पुनर्निर्माण मराठाकाल में हुआ और प्रांगण में दोनों दीप-स्तंभ विशिष्ट मराठा कृति हैं। नवरात्रों में जब दोनों दीप-स्तंभों पर दीये की लौ जलती है, तो वातावरण अपने आप आध्यात्मिक हो जाता है।

मैं ही वह धरा हूँ, जहाँ संसार के महान् योगीश्वर श्रीकृष्ण-बलराम और सुदामा ने शिक्षा ग्रहण की। श्रीमद्भागवत के अनुसार वसुदेव ने अपने पुरोहित गर्गाचार्य तथा अन्य ब्राह्मणों से दोनों पुत्रों का यज्ञोपवीत संस्कार करवाया। इसके बाद गुरुकुल में निवास की इच्छा से दोनों भाई श्रीकृष्ण और बलराम, अवंति में रहनेवाले आचार्य सांदीपनि के पास विधिपूर्वक रहने लगे। पुराणों में भी कहा गया है कि श्रीकृष्ण और सुदामा ने यहाँ शिक्षा ग्रहण की। महिदपुर तहसील के गाँव 'नारायणा' में दोनों शिष्य लकड़ियाँ चुनने आते थे। यहाँ का दामोदर कुंड बड़ा प्रसिद्ध है। किंवदंती के अनुसार, दामोदर कुंड के संबंध में कहा गया है कि श्रीकृष्ण और सुदामा नारायणा गाँव में आश्रम के लिए जलावन की लकड़ियाँ लेने आए थे। भूख लगने की स्थिति में कृष्ण-सुदामा को गुरुमाता ने खाने को चने दिए थे। उस दिन दोनों को लकड़ियाँ चुनते-चुनते रात हो गई। अत्यधिक थकान के कारण दोनों नारायणा गाँव में ही रुक गए। उस रात्रि कृष्ण को जल्दी नींद आ गई और वे सो गए। तभी सुदामा को भूख लगी। वे अपने हिस्से के चने तो खा ही गए, साथ ही अपने सखा कृष्ण के हिस्से के चने भी खा लिये। चने चबाने की आवाज सुनकर। कृष्ण की नींद खुल गई

और उन्होंने सुदामा से पूछा, "यह आवाज कहाँ से आ रही है?" तो सुदामा ने कहा कि मुझे ठंड लगने से मेरे दाँत किटकिटा रहे हैं। इससे ही यह आवाज आ रही है। सुदामा ने जब सारे चने खा लिये तो उन्हें प्यास लगी, पर वहाँ पानी का कोई प्रबंध नहीं था। तब उन्होंने कृष्ण से पानी के लिए कहा। कृष्ण ने माया से अपनी छोटी उँगली से वहाँ की भूमि को कुरेदा, जिससे वहाँ पानी निकला और सुदामा ने वह पानी पिया। यही कुंड 'दामोदर कुंड' के नाम से जाना जाता है। अब तो यहाँ कृष्ण-सुदामा का भव्य मंदिर भी बना दिया गया है, जिसे देखने दूर-दूर से श्रद्धालु आते हैं। उज्जयिनी के जिस स्थान पर रहकर कृष्ण-बलराम लिखने की पट्टियाँ धोकर अंक मिटाते थे, कालांतर में उस स्थान का नाम 'अंकपात' पड़ा।

□

मेरी पौराणिक एवं ऐतिहासिक पृष्ठभूमि

उज्जयिनी संस्कृत शब्द है, जिसका अर्थ है उत्+जयनि, अर्थात् 'उत्कर्ष के साथ विजय करनेवाली'। इसका पाली सामानांतर 'उज्जैनी' है। स्कंद पुराण के अवंति खंड के 28वें अध्याय में इसका वर्णन आता है और इसी के अनुसार अवंति की राजधानी अवंतिपुर थी, जो उज्जयिनी कहलाती थी। पुराण इस बात को स्पष्ट करते हैं कि अवंति के लोगों ने त्रिपुरी की शासक जाति पर विजय स्मृति स्वरूप मेरा नाम 'उज्जयिनी' रखा था। यह भी विदित होता है कि इसके पूर्व छह कल्पों में मेरे छह नाम हो चुके हैं। यानी प्रत्येक कल्प में पृथक् नाम रहा है। इस कारण मेरा नाम 'प्रतिकल्पा' भी है। प्रथम कल्प में मुझे 'स्वर्णश्रृंगा' कहा गया। द्वितीय में 'कुशस्थली', तृतीय में 'अवंतिका', चतुर्थ में 'अमरावती', पंचम में 'चूड़ामणि' और छठे कल्प में मेरा नाम पदस्वती हुआ। महाभारत के विंद एवं अनुविंद के उल्लेख में मेरा इतिहास ईसा के लगभग 1400 वर्ष पूर्व खिसक जाता है। प्राचीन इतिहासानुसार, मैं शिप्रा नदी के तट पर बसी हुई थी, जोकि चर्मणवती (चंबल) की सहायक नदी थी। मार्कंडेय पुराण के अनुसार चर्मणवती का उद्गम परीपातृ, गानी परियात्र पर्वत है। यह पर्वत विंध्य पर्वतशाखाओं में से है, जिसे वर्तमान में 'जानापाव' कहते हैं। स्कंद पुराण के अनुसार, शिप्रा को उत्तरवाहिनी कहा जाता है, क्योंकि यह उत्तर की ओर बहती हुई चंबल में मिल जाती है।

पुराणों एवं महाभारत के अनुसार मेरा अस्तित्व महाभारत युद्ध से भी

पूर्व था। पुरातात्त्विक उत्खनन इस नगर को लगभग 3,000 वर्ष प्राचीन सिद्ध करते हैं। मेरी प्राचीनता महाभारत आदि के वर्णन से, ईसा पूर्व 4,000 वर्षों तक मानी जा सकती है। पाणिनि की 'अष्टाध्यायी' में उज्जयिनी नाम के प्रयोग से इतना अवश्य निश्चित है कि ईसा पूर्व पाँचवीं-छठवीं शताब्दी में इस नाम का प्रयोग साहित्य में किया जाने लगा था। मैं अपने नाम के अनुरूप वास्तविक अर्थों में विजयिनी हूँ। संस्कृत, पाली और प्राकृत साहित्य के उल्लेखों का ऐतिहासिक, धार्मिक, शैक्षणिक, सामाजिक, सांस्कृतिक और व्यापारिक दृष्टिकोण से अध्ययन करने पर प्रतीत होता है कि भारतीय संस्कृति में समाहित भारत के विभिन्न प्रदेशों की संस्कृतियों का मेरी धरा पर जन्म हुआ था। मेरा इतिहास अनेक राजवंशियों के उत्थान-पतन का इतिहास है। इतिहास पूर्व युग में मैं नाग सभ्यता का केंद्र थी। इसके बाद मैं वैदिक यदुवंश की हैहय शाखा के शक्तिशाली राजाओं की राजधानी बन गई।

महाभारत युद्ध में कौरवों को मेरे तत्कालीन शासक विंद-अनुविंद ने सहायता दी थी। विश्व को गीता का उपदेश देनेवाले श्रीकृष्ण की मैं विद्यास्थली रही हूँ। मेरी धरा पर सांदीपनि गुरु से पढ़ी हुई विद्या के आधार पर ही योगेश्वर विश्व को गीता के रूप में कर्म और ज्ञान का उपदेश दे सके थे। छठी शताब्दी ईसवी पूर्व के मेरे ऐतिहासिक परिदृश्य पर दृष्टि डालने से ज्ञात होता है कि मेरा अस्तित्व अवंति जनपद की राजधानी के रूप में था। उस समय अवंति जनपद दो भागों में विभाजित थी—उत्तरी अवंति और दक्षिणी अवंति। उत्तरी अवंति की राजधानी 'महिष्मती' थी। समस्त मालवा इसका भाग था।

प्राचीन भारतीय परंपरा मनु-वैवस्वत को आदिपुरुष मानते हुए उल्लेख करती है कि ययाति के पाँच पुत्र थे—यदु, तुर्वशु, अनु, बुदु, और पुरु। यदु के उत्तराधिकारी हैहेय वंश में कार्तवीर अर्जुन ज्ञात होते हैं, जिसके पाँच पुत्रों में से एक जयध्वज अवंति के स्वामी कह जाते हैं। जयध्वज के पुत्र तालजंग के नाम से प्रसिद्ध थे। इनमें वितीहोत्र की बीस पीढ़ियों ने मुझपर राज्य किया। अंतिम वितीहोत्र शासक 'रिपुंजय' था। इसके अमात्य पुलिन ने इसे

मारकर अपने पुत्र प्रद्योत को मेरा शासक बनाया। चंडप्रद्योत मुझपर शासन करनेवाला महत्त्वाकांक्षी और योग्य प्रशासक था। प्रद्योत ने सुसंगठित राज्य स्थापित किया। प्रद्योत जयसेन का पुत्र और महेंद्रवर्मा का नाती था। प्रद्योत देवी चंडी का भक्त होने के कारण चंडमहासेन के नाम से भी प्रसिद्ध है। प्रद्योत के मगध शासक बिंबसार से मैत्रीपूर्ण संबंध थे। परंतु उसके पुत्र अजातशत्रु से इसके संबंध ठीक प्रतीत नहीं होते हैं, जिसने प्रद्योत के आक्रमण के भय से अपनी राजधानी की किलेबंदी करवाई थी। प्रद्योत ने कांपित्य के राजा से रत्नजड़ित मुकुट प्राप्त करने के लिए युद्ध किया था। प्रद्योत और कौशांबी के राजा सतारिक के युद्ध के विवरण भी जैन साहित्य में मिलते हैं।

प्रद्योत के पास विशाल सेना थी। उसकी सेना में दो लाख हाथी, पाँच सौ घोड़े, दो सौ रथ तथा सात करोड़ पदाति सैनिक थे। प्रद्योत के विषय में भिन्न-भिन्न विचारधाराएँ मिलती हैं, परंतु मूल रूप से उसमें सैनिक गुण अधिक थे। प्रद्योत के गोपालक तथा पालक नाम के दो पुत्र और वासवदत्ता नामक एक पुत्री थी। पुराणों के अनुसार प्रद्योत ने मुझपर 23 वर्ष राज्य किया। मत्स्य पुराण में इसकी राज्यकाल अवधि 52 वर्ष उल्लेखित है। प्रद्योतवंशीय राजाओं ने स्वतंत्र रूप से मुझपर शासन किया, परंतु नंद वंश के उदय ने मुझे मगध साम्राज्य का अंग बना दिया। प्रद्योत देवी का उपासक था। बुद्ध का प्रभाव अधिक होने के कारण उसने बुद्ध को मेरी धरा पर आने का निमंत्रण दिया। बुद्ध स्वयं तो नहीं आ सके, परंतु प्रद्योत के पुरोहित कात्यायन को बौद्ध धर्म का अनुयायी बनाकर भेज दिया। इस प्रकार मेरी धरा पर बौद्ध धर्म ने प्रवेश किया। बुद्ध धर्म के आराधकों में यहाँ के भिक्षु महाकात्यायन, सौण, अभय, भद्रकपिलानी, ऋषिदासी, देवी (अशोक की पत्नी), गोपाल माता, गणिका प्रज्ञावती आदि के नाम उल्लेखनीय हैं। विदेशों में भारतीय संस्कृति के प्रचारकों में बुद्धकालीन काश्यप मातंग का नाम स्मरणीय है। ये मेरी धरा के थे और इन्हें चीन के सम्राट् ने निमंत्रित किया था।

नंदों के विशाल साम्राज्य को नष्ट कर चंद्रगुप्त मौर्य ने भारतीय इतिहास में नए युग का निर्माण किया। संसार के प्रथम महान् नीतिज्ञ आचार्य चाणक्य

चंद्रगुप्त के सहायक थे। चंद्रगुप्त ने चाणक्य की सहायता से मगध राज्य पर अधिकार किया। चंद्रगुप्त तथा चाणक्य ने मगध पर अधिकार करने के लिए कूटनीति और युद्धनीति दोनों का सहारा लिया। चंद्रगुप्त ने भारत के अनेक राष्ट्रों को अपने वश में कर एक साम्राज्य की स्थापना की। चंद्रगुप्त ने उत्तरी और दक्षिणी भारत को एक शासन-सूत्र में बाँधकर राजनैतिक एकता स्थापित की। चंद्रगुप्त का साम्राज्य विस्तृत था। अत: शासन व्यवस्थित और सुसंगठित करने के लिए चंद्रगुप्त ने साम्राज्य को विभिन्न प्रांतों में विभक्त किया था। उन प्रांतों में मेरा महत्त्वपूर्ण स्थान था। यहाँ की आय प्राप्ति का प्रमुख साधन भूमिकर था। पुराणों के अनुसार चंद्रगुप्त ने मुझपर 24 वर्ष राज्य किया। चंद्रगुप्त ने मेरा शासन अपने प्रपौत्र अशोक को सौंपा। अशोक के पुत्र महेंद्र और पुत्री संघमित्रा ने सिंहल देश जाकर बौद्ध धर्म का प्रचार किया। पाली त्रिपिटक को वे अपने साथ ले गए। महेंद्र का लालन-पालन मेरी धरा पर ही हुआ था। उनकी भाषा मेरी भाषा थी और उसी भाषा में उन्होंने वहाँ सत्य और अहिंसा का संदेश दिया। स्वयं सम्राट् अशोक भी अपने यौवन के अति प्रारंभिक काल में मेरे राज्यपाल रहे। उन्होंने कुशल प्रशासन की शिक्षा मेरी भूमि पर ली।

बौद्ध धर्म के प्रचार और प्रसार में अशोक ने महत्त्वपूर्ण कार्य किए। अशोक स्तंभ पर चक्र और सिंह मुद्रित हैं। भारतीय परंपरा में चक्र अध्यात्म भावना, जीवन की प्रगति तथा समदर्शिता का सूचक है। यह चक्रांकित मुद्रा मेरी ही मानी जाती है। चंद्रगुप्त के बाद बिंदुसार एवं उसकी मृत्यु के पश्चात् अशोक राजगद्दी पर बैठा। अशोक ने धर्म विजय और शासन विद्या की शिक्षा मुझसे प्राप्त की थी। अशोक के जीवन का अधिकांश भाग मालवा में ही बीता था। अशोक की मृत्यु के बाद मौर्य साम्राज्य 'मगध' तथा 'अवंति' दो भागों में विभाजित हो गया। अशोक के पश्चात् संप्रति मेरे राज्यपाल बने। कालांतर में वे शासक भी बने और उन्होंने मुझे अपनी राजधानी बनाया। वे जैन धर्म के अनुयायी थे। उन्होंने जैन धर्म के प्रचार और प्रसार में राजकीय सहायता प्रदान की। जैन समाज द्वारा किए जानेवाले उत्सवों में वे पर्याप्त

आर्थिक सहायता देते थे। इस काल में अनेक जैन धर्म के विद्वानों तथा श्रमणों ने मेरी धरा पर आकर धर्मोपदेश दिया, उनमें सुहस्ति, भद्रबाहु, भद्रगुप्ताचार्य, वज्राचार्य आदि के नाम उल्लेखनीय हैं। जैन समाज में अर्ध फालक संप्रदाय का भेद भी यहीं पर उत्पन्न हुआ। लगभग 185 ई.पू. में मौर्य वंश के अंतिम शासक वृहदथ की सेनापति पुष्यमित्र ने हत्या कर दी तथा यहाँ एक नवीन वंश की स्थापना की, जिसे शुंग के नाम से जाना जाता है। मौर्य वंश के शासकों ने मुझ पर 137 वर्ष राज्य किया।

अशोक द्वारा प्रचारित बौद्ध धर्म और संप्रति द्वारा प्रचारित जैन धर्म की प्रक्रिया के कारण मेरी धरा पर शुंग शासन में ब्राह्मण धर्म को पुनः प्रतिस्थापना मिली। वैदिक यज्ञ तथा देवताओं की पूजा-अर्चना के लिए शुंग शासकों ने प्रजा को प्रोत्साहित किया। शुंग काल में मैं मगध साम्राज्य के द्वितीय श्रेणी के नगरों में परिगणित थी। हालाँकि मेरा शुंगकालीन इतिहास स्पष्ट नहीं है। वायुपुराण के अनुसार, पुष्यमित्र ने अपना राज्य आठ पुत्रों में बाँट दिया था। विदिशा पर उसका पुत्र अग्निमित्र राज्य करता था। संभवतः संपूर्ण मालवा प्रदेश भी उसके अधिकार में रहा होगा, ऐसा ज्ञात होता है। शुंग वंश का राज्यकाल 186-85 ई.पू. से 75 ई. पूर्व तक रहा।

शुंगों के पश्चात् कण्व शासक आया। इसी समय दक्षिण की आंध्र-सप्तवाहन शक्ति उत्तर की ओर प्रभावकारी होने लगी और शीघ्र ही मालवा मानव जाति के गर्दभिल्ल के नेतृत्व में आ गया। इसी समय मालवा पर शकों का आक्रमण हुआ। शकों की कार्दमक शाखा के चष्टन ने मालवा पर अधिकार कर लिया। चष्टन ने एक राजधानी स्थापित की, साथ ही क्षत्रप वंश स्थापित किया, जो बिना किसी व्यवधान के ईसवी सन् चौथे दशक के आरंभ तक चलता रहा। मालवा प्रांत में ऐसी कोई शक्ति नहीं थी, जो कार्दमक की प्रभुसत्ता को चुनौती दे सके। शकों ने मालवा, गुजरात, काठियावाड़ तथा पश्चिमी राजपूताना के भागों से मिलकर बने अपने विशाल साम्राज्य पर मेरे द्वारा शासन किया। रुद्रसिंह तृतीय का उल्लेख अंतिम शक शासक के रूप में आता है। राजा गर्दभिल्ल के निरंकुश शासन से प्रजा अप्रसन्न थी। इस काल

में लोगों के हृदय में राष्ट्र-विरोधी भावनाएँ व्याप्त थीं। इसी समय शकों ने मुझपर प्रथम आक्रमण किया। युग पुराण, कथासरित्सागर और कालकाचार्य कथा आदि ग्रंथ इस आक्रमण के प्रमाण हैं। शक शासकों के नामों के विषय में कोई उल्लेख प्राप्त नहीं है। उन्होंने बहुत कम समय तक शासन किया। मालवा के नेता के रूप में गर्दभिल्ल वंशीय विक्रमादित्य ने असीम पराक्रम और उत्साह से सैनिक व्यवस्था कर शकों का उन्मूलन कर इस धरती को विदेशी शासकों से मुक्त किया। विक्रमादित्य से संबंधित असंख्य लोकगाथाएँ हैं, जिनमें विक्रम में दैवीय गुणों का समावेश कर उन्हें एक आदर्श राजा के रूप में चित्रित किया गया है। इसी कारण उनका ऐतिहासिक व्यक्तित्व कतिपय विद्वानों की दृष्टि में शंकास्पद हो गया है। विक्रमादित्य के काल में शैक्षणिक और साहित्यिक प्रगति चरम सीमा पर थी। इसका स्पष्ट प्रमाण उनके नवरत्न तथा अन्य साहित्यकार हैं। वहीं सिक्कों के आधार पर स्पष्ट होता है कि सातवाहनों ने भी मालवा पर राज्य किया था। परंतु शकों के भय के कारण मध्य मालवा शकों एवं सातवाहनों के मध्य घात-प्रतिघातों का शिकार होता रहा।

गुप्तों ने कई शताब्दी तक मालवा पर राज्य कर अनेक राजवंशों से संघर्ष किया। इस काल में मालवा की बहुत कुछ उन्नति हुई। उनकी राजधानी पाटलिपुत्र थी। इस समय हूणों के बर्बर, आक्रमणों ने मालवा को प्रभावित किया और अंतिम गुप्त शासकों के अथक संघर्ष एवं बलिदानों से मालवा को हूणों से मुक्ति मिली थी। सातवाहन एवं शक शासकों ने भी मेरी आर्थिक, धार्मिक और शैक्षणिक उन्नति में योग दिया। ब्राह्मण धर्म की महती प्रतिष्ठा इसी युग में हुई। गुप्त काल में यह धर्म चरम सीमा तक पहुँच गया। शक शासकों में चष्टन, रुद्रदामन आदि स्वयं संस्कृत भाषा और साहित्य के ज्ञाता थे। उन्होंने विद्वानों को संस्कृत भाषा की उन्नति के लिए प्रेरित किया। इस समय अनेक विदेशियों ने ब्राह्मण धर्म अंगीकार किया। शकों के दो सौ वर्षों के शासन के पश्चात् मालवा पर गुप्त शासकों का शासन स्थापित हो जाता है। गुप्तों के शासनकाल में मालवा एवं अवंति जनपद एक महत्त्वपूर्ण बाजार

तथा वाणिज्य का केंद्र बना रहा, किंतु उन्होंने मुझे राजधानी नहीं बनाया। गुप्तों के उदय ने मुझे पुनः मगध साम्राज्य का प्रांत बना दिया। स्वतंत्र राज्य की राजधानी के रूप में मैं प्रांतीय शासन का केंद्र बन गई। गुप्त युग में मेरा महत्त्वपूर्ण स्थान था। पुरवराधीश के रूप में चंद्रगुप्त द्वितीय का उल्लेख गुप्त युग में मेरी महत्ता को सूचित करता है। गुप्त शासकों के स्वर्ण युग में यहाँ की शासन व्यवस्था अत्यंत सुसंगठित थी। स्कंदगुप्त की मृत्यु के पश्चात् गुप्त साम्राज्य के भाग्य पर ग्रहण लग गया। गुप्तवंशीय निर्बल शासकों के समय में हूण शासक तोरमाण ने आक्रमण कर मुझपर अपना आधिपत्य कर लिया। शीघ्र ही यशोधर्मन ने मुझे विदेशी आक्रांताओं से मुक्त किया। हरिषेण वाकाटक, कलचुरी के शंकरगण, वल्लभी के शिलादित्य ने भी कुछ समय तक मुझपर अपना अधिकार रखा। कन्नौज के शासक हर्षवर्धन के काल में मेरी भव्यता का उल्लेख तो बाणभट्ट की 'कादंबरी' में मिलता है।

(संदर्भ : मध्यप्रदेश जनसंपर्क विभाग)

□

अद्‌भुत है मेरी धरा

मेरी (उज्जैन की) धरा अद्‌भुत है। द्वादश ज्योतिर्लिंगों में से एक 'महाकाल', 52 शक्तिपीठों में से एक 'हरसिद्धि', सप्तपुरियों में से एक 'अवंतिका', पुरातन 4 प्रमुख कुंभ स्थलों में से एक 'उज्जयिनी', 12 शक्तियों में से एक 'गढ़कालिका', 9 नारायणों का स्थल, षष्ठ गणेश का स्थल, मातृकाओं का स्थल, भैरव स्थल, श्मशान स्थल, वल्लभाचार्यजी की बैठक, पाशुपत संप्रदाय की प्रमुख स्थली, नाथ संप्रदाय के सर्वोच्च गुरु मत्स्येंद्रनाथ की कर्मस्थली होने से मेरे धार्मिक महत्त्व का वर्णन शब्दों की सीमा में बाँधना असंभव एवं दुष्कर कार्य है। यहाँ ऐसे-ऐसे मंदिर और पूजा के प्रकार हैं, जो संसार में कहीं देखने को नहीं मिलेंगे। शैव पूजा में अष्ट-भैरवों की पूजा का महत्त्व माना जाता है। कालभैरव इनमें प्रमुख हैं। स्कंद पुराण के अवंति खंड में कालभैरव के मंदिर का उल्लेख मिलता है। प्राचीन परंपरा के अनुसार, कापालिक तथा अघोर मत के अनुयायी शिव और भैरव की आराधना करते थे। इन पंथों की साधना का संबंध मुझसे भी रहा है। कहते हैं कि युद्ध में साक्षात् कालभैरव ने श्रीमंत बायजाबाई शिंदे की मदद की थी। उन्होंने ही कालभैरव के भव्य मंदिर का निर्माण करवाया था। यहाँ भैरव मदिरा (शराब) का प्रसाद ग्रहण करते हैं। पूरा विश्व इस बात पर आश्चर्यचकित है और पश्चिम के कई वैज्ञानिकों ने इस बात पर एतराज जगाया, किंतु जब उन्होंने कालभैरव की प्रतिमा को मदिरापान करते देखा तो वे भी मंत्रमुग्ध हो गए। आषाढ शुक्ल पूर्णिमा और मार्गशीर्ष कृष्ण अष्टमी को यहाँ मेला लगता है।

पुराण प्रसिद्ध कालभैरव मंदिर तांत्रिक साधना का प्रमुख केंद्र है। भैरव साधना का महत्त्व इस तथ्य से भी स्पष्ट है कि बिना भैरव पूजन के भगवान् शिव के पूजन की सिद्धि संदिग्ध रहती है। अन्य देवताओं के पूजन और मंत्र-विधान में भी भैरव पूजा का विधान है।

इसी तरह यहाँ भूखी माता को प्रसन्न करने के लिए भी मदिरा का भोग लगाया जाता है। किंवदंती है कि लगभग दो-ढाई हजार साल पहले अवंतिकापुरी का कोई भी राजा एक दिन से ज्यादा जिंदा नहीं रहता था। नगर में घूमनेवाली देवियाँ उसे अपना आहार बना लेती थीं। तब नगरवासियों ने तय किया कि बारी-बारी से प्रत्येक घर से एक व्यक्ति राजा बनेगा। एक दिन एक वृद्धा के इकलौते बेटे की राजा बनने की बारी आई। बेटे की मृत्यु निश्चित जान वृद्धा जोर-जोर से रोने लगी। उस वक्त युवा विक्रमादित्य वहाँ से गुजर रहे थे। रोने की आवाज सुनकर उन्होंने वृद्धा के विलाप का कारण पूछा। जवाब में वृद्धा ने सब सच उनसे कह दिया। विक्रमादित्य ने वृद्धा को आश्वस्त किया कि उसके पुत्र की जगह उस दिन के राजा वे खुद बनेंगे। चतुर विक्रमादित्य ने तरह-तरह के मिष्ठान और अपना पुतला शयनकक्ष की शय्या पर रखा और खुद दूसरे कक्ष में छुप गए। भूख से व्याकुल देवियाँ मिष्ठान का आहार ग्रहण कर प्रसन्न हो गईं, पर भूखी माता की भूख समाप्त नहीं हुई। वे विक्रमादित्य के पुतले का भक्षण करने लगीं, लेकिन अन्य देवियों ने उन्हें रोक लिया।

विक्रमादित्य की चतुराई से प्रसन्न होकर देवियों ने उनका आह्वान कर वर माँगने को कहा। विक्रमादित्य ने कहा, 'माँ, आप लोग यह नगर छोड़कर कहीं और बस जाएँ।' देवियों ने तथास्तु कहते हुए कहा कि सिंहस्थ में हम अवश्य आएँगी। विक्रमादित्य ने उन्हें आने की अनुमति प्रदान करते हुए कहा कि आप सिर्फ एक पल के लिए ही यहाँ आ सकती हैं। एक पल में भूखी माता कितना कहर बरपा सकती हैं, इस बात से विक्रमादित्य अनजान नहीं थे। तब से ही सिंहस्थ पूर्व उन्होंने देवी पूजन की परंपरा प्रारंभ की। इसी परंपरा के परिपालन में राज्य शासन की तरफ से कलेक्टर एवं संभागायुक्त

द्वारा प्रतिवर्ष भूत-पूजा आयोजित की जाती है, जिसमें शराब एवं अन्य सामग्रियों को नगर के मुख्य मार्गों में परोसा जाता है। सिंहस्थ पूर्व भी भूखी माता सहित अन्य देवी मंदिरों में विशेष पूजा-अर्चना की जाती है।

मेरे अधिपति आदिदेव की चिता-भस्म से अर्चना होती है। वैसे शास्त्र में चिता-भस्म को अशुद्ध माना गया है, मगर भगवान् शिव के स्पर्श से भस्म पवित्र होती है। पूरे वर्ष रोज सुबह चार बजे (सावन माह में समय परिवर्तित) महाकाल की भस्म आरती होती है, जिसे देखने के लिए विदेशों से भी लोग आते हैं और रात-रात भर जागते हुए उनके वैभव को ताकते रहते हैं।

तंत्र-मंत्र के दृष्टिकोण में मुझे सुदूरपूर्व स्थित बंगाल यानी दक्षिणेश्वरी महाकाली कलकत्तावासिनी एवं कामाख्या देवी गौहाटी के समकक्ष ही संपूर्ण भारतवर्ष में मान्यता प्राप्त है। तंत्र-मंत्र सिद्धि के संबंध में महाकाल का अपने कपाल-पत्र को उज्जयिनी में फेंकना, स्वयं देवी की कोहनी गिरकर शक्तिपीठ प्रसिद्ध होकर 'हरसिद्धि' नाम धारण कर सर्वसिद्धिदायक के रूप में विख्यात होना ही मुझे तांत्रिक केंद्र के रूप में स्थापित करने के लिए पर्याप्त है। गढ़कालिका, भूखीमाता, चौंसठ योगिनी, पाताल भैरवी, महालाया-महामाया का मातृकाओं के रूप में मेरी धरा में स्थित होना, कालभैरव, अर्द्धकालभैरव, विक्रांतभैरव का मेरी धरा पर स्थान होना, पाशुपत संप्रदाय के लकुलिश द्वारा स्थापना, नाथ संप्रदाय का प्रादुर्भाव, मत्स्येंद्रनाथ की समाधि तथा भर्तृहरि की गुफाएँ, तंत्र-मंत्र के संबंध में मुझे पूरे आर्यावर्त में एक उच्च स्थल पर पदस्थ करते हैं। भूखी माता, हरसिद्धि, महामाया, महालाया आदि देवियों को बलि देने का बार-बार उल्लेख मिलता है। वर्तमान में कालभैरव को सुरापान या शासन की 'सुराधार' से नगर पूजा मेरे तांत्रिक पीठ होने को सिद्ध करते हैं।

□

कलकल बहती मोक्षदायिनी शिप्रा

बारह वर्ष में एक बार मेष राशि में सूर्य और सिंह राशि में गुरु के आने पर बने ग्रहों के दिव्य योग से उज्जैन में सिंहस्थ मनाया जाता है। एक माह तक चलनेवाले इस महापर्व के दौरान मोक्षदायिनी शिप्रा में स्नान के लिए लाखों श्रद्धालु उज्जैन आते हैं। स्कंद पुराण में शिप्रा के गुणों को महत्त्व देते हुए उसे मोक्षदायिनी बताया गया है। ऐसी भी कथा मिलती है कि विष्णु भगवान् की उँगली को शिव द्वारा काटने पर उसका रक्त गिरकर बहने से यह नदी के रूप में प्रवाहित हुई, जो उत्तरवाहिनी होने से और भी महत्त्वपूर्ण हो गई। माना जाता है कि वेद-विक्रयी, संध्या-स्वाध्याय से रहित, नास्तिक, शैयादान लेनेवाला तथा देव, गुरु एवं ब्राह्मण के द्रव्य का हरण करनेवाला भी सिंहस्थ में स्नान करता है तो वह अपने पापों से छूट जाता है, क्योंकि शिप्रा नदी तीनों लोकों में दुर्लभ है। यह प्रेत मोक्षकारी एवं स्नानकर्ताओं की मनोवांछित कामना को पूर्ण करनेवाली नदी है। इस नदी में पूरे मास स्नान का महत्त्व है, किंतु यदि ऐसा संभव न हो तो मात्र पाँच दिन स्नान करने पर ही इच्छित फल प्राप्त होता है। सिंहस्थ और कुंभ दोनों पर्वों का मेल होने से उज्जैन में शिप्रा स्नान का विशेष महत्त्व है।

शिप्रा नदी के बारे में एक अन्य कथा भी आती है। आत्रि नामक ऋषि ने एक बार घोर तप करने का निश्चय किया। वे अपना एक हाथ हमेशा ऊपर उठाए रखते थे। जब उनकी तपस्या पूर्ण हुई और ऋषि ने नेत्र खोले तो देखा कि उनके शरीर से प्रकाश की दो धाराएँ प्रवाहित हो रही हैं। एक आकाश

की ओर गई, जो चंद्रमा बन गई, दूसरी जमीन की ओर, जो 'शिप्रा' बनकर प्रवाहित हो रही है। कुल मिलाकर ये प्राकृतिक दैवीय शक्तियाँ हैं, जिन्हें हम पूजते हैं। भारतीय संस्कृति संरचना के आध्यात्मिक जीवन में जल जीवन का आधार है। जन्म से मृत्यु तक के सभी संस्कारों, उत्सवों एवं पर्वों में स्नान शुद्धि का महत्त्व है। आचमन, तर्पण, देवार्चन सबके लिए जल अपेक्षित है और इन्हीं सबके महत्त्व को प्रतिपादित करता है शिप्रा के तट पर सिंहस्थ स्नान पर्व।

शिप्रा की उत्पत्ति के विषय में जनमानस में एक अन्य कथा भी प्रचलित है। मुनि सनकादि कुमारों से शापित होकर श्री विष्णु के दो द्वारपाल जय-विजय असुर योनि में जन्म लेकर प्रथम जन्म में हिरण्यकशिपु और हिरण्याक्ष कहलाए। इनमें से हिरण्याक्ष बहुत बलशाली था। उसके अत्याचारों से चहुँओर हाहाकार मच गया। वह पृथ्वी को लेकर रसातल में चला गया। संसार की दुरवस्था देख भगवान् विष्णु ने वाराह रूप धारण कर पृथ्वी का उद्धार किया। उन्हीं भगवान् के हृदय से यह सनातन नदी मोक्षदायिनी शिप्रा प्रकट हुई है।

नारद पुराण में कहा गया है कि अवंति तीर्थ में कपाल योग नाम का एक तीर्थ है, जहाँ स्नान करने से ब्रह्महत्यारा व्यक्ति भी इसके दोष से मुक्त हो जाता है। पुराणों में इस नदी के चार नाम पाए जाते हैं—शिप्रा, ज्वरघ्नी, पापहनी और अमृतसंभवा। शिप्रा की पवित्रता और माहात्म्य तो इन्हीं उदाहरणों से समझा जा सकता है कि सिंहस्थ का शाही स्नान यहाँ के मुख्य घाट 'रामघाट' पर होता है। सिद्धवट का स्थान नदी के तट पर है। भगवान् श्रीकृष्ण और बलराम ने अपने गुरु सांदीपनि से इसी नदी के तट पर शिक्षा ग्रहण की थी। गुरु मत्स्येंद्रनाथ अपने शिष्य भर्तृहरि के साथ इसी नदी के समीप निवास करते थे। भर्तृहरि के शतकत्रय की रचना भी यहीं इसी नदी के तट पर हुई। कविकुलगुरु कालिदास द्वारा रचित 'शकुंतला', रघुवंश और मेघदूत की सुंदर रचनाएँ यहीं इसी नदी के तट पर हुईं। बाणभट्ट की कादंबरी, चारुदत्त का मृच्छकटिक, कल्हण की राजतरंगिणी इत्यादि ग्रंथरत्न इसी नदी के तट पर साकार रूप ले सके। शिप्रा सनातन संस्कृति के वैभव

की साक्षी रही है और यही वजह है कि इसकी गणना 'नदियों में श्रेष्ठ' के रूप में भी की जाती है। उज्जैन के सिंहस्थ पर्व का सर्वाधिक पवित्र स्नान स्वाति नक्षत्र में होता है और पवित्र स्नान मोक्ष की दिशा में आगे ले जानेवाला माना गया है।

□

प्रमुख मंदिर जिनसे अमर है मेरा वैभव

1. गढ़कालिका

गढ़कालिका देवी को महाकवि कालिदास की आराध्य देवी माना जाता है। इन्हीं के वरदान से महामूर्ख कालिदास कवि शिरोमणि कहलाए। इस मंदिर का जीर्णोद्धार ई.स. 606 के लगभग सम्राट् हर्षवर्धन ने करवाया था। यह तांत्रिक सिद्ध स्थान है। इस मंदिर की नींव में शुंगकाल–ई.पू. प्रथम शताब्दी, गुप्तकाल–चौथी शताब्दी ईसवी तथा परमारकाल–दसवीं से बारहवीं शताब्दी ईसवी की प्रतिमाएँ और मंदिर की नींव प्राप्त हुई है। लिंगपुराण के अनुसार, रावण से युद्ध में विजयी होकर श्रीराम अयोध्या वापस जा रहे थे, तब रास्ते में रुद्रसागर के निकट ठहरे थे। उसी रात कालिका भोजन की खोज में निकली हुई थीं। उन्होंने हनुमान को पकड़ने का यत्न किया, किंतु हनुमान के भीषण रूप लेने पर वे भयभीत हो गईं। भागते समय जो अंग गलित होकर गिरा, वही स्थान कालिका देवी का है।

2. भर्तृहरि गुफा

भर्तृहरि गुफा अति प्राचीन व तपस्थली है। यहाँ ढाई हजार वर्ष पूर्व उज्जैन नगरी के राजा भर्तृहरि को सद्गुरु गोरखनाथ की शिक्षा से वैराग्य उत्पन्न हुआ और उन्होंने तपस्या प्रारंभ की। उनकी कठिन तपस्या से देवराज इंद्र को अपना राज्य छिन जाने का भय पैदा हुआ। तब इंद्र ने इस गुफा की शिला पर वज्र का प्रहार किया, जिससे शिला टूट गई। भर्तृहरि ने तपस्या की शक्ति के बल पर शिला को एक हाथ से ऊपर ही रोक दिया और बारह वर्ष की तपस्या पूर्ण की।

भगवान् विष्णु ने प्रसन्न होकर उन्हें दर्शन दिए। जिस हाथ के पंजे से भर्तृहरि ने गुफा की शिला को रोका था, उसके निशान आज भी वहाँ देखे जा सकते हैं। गोरखनाथ की धूनी भी यहाँ प्रज्वलित है। प्रबंध चिंतामणि में लिखा है कि भर्तृहरि विक्रमादित्य के बड़े भाई थे। यह भी कहा जाता है कि बारह वर्ष शासन करने के बाद भर्तृहरि ने अपना राज्य विक्रमादित्य को सौंपकर वैराग्य धारण कर लिया था। वे यहीं इसी गुफा में योग-साधना किया करते थे। भर्तृहरि के श्रृंगार शतक, वैराग्य शतक और नीति शतक प्रसिद्ध हैं।

3. बड़े गणेश

नगर के षट् विनायक प्रसिद्ध हैं। उनमें से एक हैं बड़े गणेशजी। महाकालेश्वर मंदिर में कोटितीर्थ के ऊपर उत्तरी द्वार के निकट है यह प्राचीन मंदिर। मंदिर में भव्य, विशाल और कलात्मक महागणेश की मनोहारी प्रतिमा है। इतनी विशाल और कलात्मक प्रतिमा भारत में कहीं नहीं है।

षट् विनायक मंदिर : 1. मोदि विनायक (बड़े गणेश), 2. प्रमोद विनायक, 3. समुख विनायक, 4. दुर्मुख विनायक, 5. अविघ्न विनायक, 6. विघ्न विनायक।

4. मंगलनाथ

मत्स्य पुराण के अनुसार यह मंगल ग्रह का जन्मस्थान है। प्राचीनकाल में यह स्थल मंगल ग्रह के दर्शन के लिए प्रसिद्ध था। मंगल दोष की शांति के लिए यह विश्व में एकमात्र स्थान है। यहाँ भातपूजा होती है, जो मंगलग्रह की शांति के लिए जरूरी है। जिन लोगों के शादी-ब्याह में मंगल की वजह से अड़चन आती है, यहाँ उनकी भी पूजा करवाई जाती है।

5. गोपाल मंदिर

महाराजा दौलतराव शिंदे की धर्मपत्नी बायजाबाई शिंदे ने अपने आराध्यदेव गोपाल कृष्ण का यह मंदिर सन् 1833 के लगभग बनवाया था। इस मंदिर के

गर्भगृह में चाँदी का द्वार विशेष दर्शनीय है। कहा जाता है कि यह द्वार सोमनाथ के प्रसिद्ध मंदिर से गजनी ले जाया गया था। वहाँ से मुहम्मदशाह अब्दाली इसे लाहौर लाया था। फिर महादजी सिंधिया ने इसे प्राप्त किया और इस मंदिर में उसी द्वार की पुनः प्रतिष्ठा की गई। मंदिर में गोपालकृष्ण की मूर्ति के अलावा शिव-पार्वती और बायजाबाई की भी मूर्तियाँ हैं। गोपालकृष्ण की ड्योढ़ी में हीरा जड़ित है, जिसकी चमक अद्‌भुत है।

6. पीर मछिंदर

इस स्थान को नाथ संप्रदाय के प्रसिद्ध गुरु मत्स्येंद्रनाथ की समाधि माना जाता है। नाथ संप्रदाय में संतों को पीर कहने की परंपरा थी। मुसलमान भी अपने संतों को पीर कहते हैं, इसलिए हिंदू और मुसलमान दोनों समान श्रद्धाभाव से यहाँ पूजा करते हैं।

7. वेधशाला

वेधशाला का निर्माण सवाई राजा जयसिंह द्वारा सन् 1725 से 1730 ई. के मध्य किया गया था। राजा जयसिंह ने इसी प्रकार की चार अन्य वेधशालाओं का निर्माण दिल्ली, जयपुर, मथुरा और वाराणसी में भी कराया था। कर्क रेखा उज्जैन के ठीक ऊपर से गुजरती है, जिसके कारण इस स्थान का बड़ा महत्त्व है। इस वेधशाला में सम्राट् यंत्र, नाड़ीवलय यंत्र, दिगंश यंत्र और याम्योत्तर भित्तियंत्र प्रमुख उपकरण हैं। इन यंत्रों से ग्रह-नक्षत्रों के वृत्त एवं संक्रमण का अध्ययन किया जाता है। राजा जयसिंह द्वारा निर्मित यही एकमात्र वेधशाला है, जहाँ खगोलीय अध्ययन के लिए आज भी इन यंत्रों का प्रयोग किया जाता है। नगर में इस वेधशाला की प्रतिष्ठा किसी मंदिर से कम नहीं है।

8. सिद्धवट

उज्जैन का सिद्धवट प्रयाग के अक्षयवट, वृंदावन के वंशीवट और नासिक के पंचवट के समान अपनी पवित्रता के लिए प्रसिद्ध है। सिद्धवट

घाट पर अंत्येष्टि संस्कार संपन्न किया जाता है। स्कंद पुराण में इस स्थान को प्रेतशिला-तीर्थ कहा गया है। यह नाथ संप्रदाय का भी पूजा स्थान रहा है। लोक मान्यता के अनुसार पार्वती ने यहाँ तपस्या की थी और वट के वृक्ष को अपने हाथों से रोपा था। कहा जाता है कि कभी इस वट को कटवाकर इसपर लोहे के तवे जड़ दिए गए थे, परंतु यह वृक्ष तवों को फोड़कर पुनः हरा-भरा हो गया। यहाँ तर्पण इत्यादि का कार्य भी किया जाता है।

9. रामघाट

पूर्वकाल में श्रीराम चित्रकूट से उज्जैन आए थे, तब उन्होंने स्नान करके अपने पिता दशरथ को अंजलि प्रदान की थी। इसी जगह एक शिवलिंग है। अतः उनकी स्मृति में देवताओं ने इस तीर्थ को रामतीर्थ नाम दिया था, जो वर्तमान में रामघाट के नाम से प्रसिद्ध है। इसी घाट पर सनातन संस्कृति के सबसे बड़े पर्व का मुख्य स्नान होता है।

10. चिंतामणि गणेश

नगर से दूर चिंतामणि गणेश का यह स्थान अत्यंत प्राचीन है। मंदिर में गणेश की प्रतिमा के दोनों ओर रिद्धि-सिद्धि की प्रतिष्ठा की गई है। लोक-परंपरा में इसे चिंताओं को हरने के स्थान के रूप में मान्यता मिली है। इस मंदिर का पुनर्निर्माण अहल्यादेवी होलकर ने करवाया था। चैत्र मास के प्रत्येक बुधवार को यहाँ मेला लगता है।

11. नगरकोट की रानी

यह स्थान नगर के कच्चे परकोटे पर स्थित है। नगरकोट की रानी प्राचीन उज्जयिनी के दक्षिण-पश्चिम कोने की सुरक्षा देवी हैं। यह स्थान नाथ संप्रदाय की परंपरा से भी जुड़ा है। मंदिर में कार्तिकेय की प्रतिमा गुप्तकाल की है।

□

न्याय की धरा भी हूँ मैं

मैं उज्जैन हूँ। मैं न्याय की धरा भी हूँ। न्यायप्रिय राजा विक्रमादित्य के बारे में सभी जानते हैं। किंवदंती है कि संवत् प्रवर्तक उज्जैन के राजा विक्रमादित्य का बत्तीस पुतलियों वाला सिंहासन 'सिंहासन टेकरी' नामक स्थान के नीचे कहीं दबा पड़ा है। इस सिंहासन और उसके पायों में जड़ी बत्तीस पुतलियों की गाथा को आधार बनाकर कई रचनाकारों ने विभिन्न भाषाओं में सिंहासन बत्तीसी लिखी है। सिंहासन बत्तीसी की कथा कुछ इस प्रकार है कि एक बार इंद्र की सभा में इस बात को लेकर विवाद छिड़ा कि नृत्य कला में प्रवीण रंभा और उर्वशी अप्सराओं में से श्रेष्ठ कौन है? जब देवतागण इसका समाधान नहीं खोज सके तो इंद्र ने अवंति के न्यायप्रिय राजा विक्रमादित्य को स्वर्गलोक में आमंत्रित किया। अपने विवेक के आधार पर विक्रमादित्य ने उर्वशी को श्रेष्ठ नर्तकी घोषित किया। इंद्र ने प्रसन्न होकर विक्रमादित्य को सिंह की आकृति वाला एक दिव्य सिंहासन भेंट किया, जिसमें बत्तीस पाए थे। प्रत्येक पाए में काठ की एक-एक पुतली जड़ी थी। इंद्र द्वारा दिए गए इस अद्भुत सिंहासन पर बैठकर विक्रमादित्य ने न्यायपूर्वक शासन किया। उनके देवलोकगमन के बाद कोई योग्य उत्तराधिकारी न होने से मंत्रियों के निर्णयानुसार उसे भूमि में दबा दिया गया। कहते हैं कि विक्रमादित्य के एक हजार साल बाद राजा भोज ने उस न्याय सिंहासन पर बैठने का प्रयत्न किया। परंतु जैसे ही भोज उसपर बैठने का उपक्रम करते, सिंहासन में जड़ी पुतलियों में से एक पुतली उन्हें विक्रमादित्य की न्यायप्रियता से जुड़ी कथा सुनाकर पूछती कि

क्या उनमें विक्रमादित्य जैसा न्याय करने की योग्यता है? भोज अपने आप को उस योग्य न पाकर निरुत्तर हो जाते। अंत में जब बत्तीसों पुतलियाँ प्रश्न पूछ चुकीं और भोज उनके प्रश्नों का सही समाधान नहीं कर सके तो वे सभी पुतलियाँ उस दिव्य सिंहासन को लेकर आकाश मार्ग से इंद्रलोक को चली गईं। इस तरह विक्रमादित्य की न्यायप्रियता तीनों लोकों में प्रतिष्ठित हुई। महाराजा विक्रमादित्य बहुत प्रतापी, न्यायी, दानी और विद्वन्प्रेमी हुए हैं। राजा विक्रमादित्य की भाँति उनके नवरत्न भी मेरी विशेष पहचान हैं। विक्रमादित्य की सभा में धन्वंतरि, क्षपणक, अमरसिंह, शंकु, बेतालभट्ट, घटखर्पर, कालिदास, वराहमिहिर, वररुचि—ये नवरत्न विद्वज्जन थे।

1. धनवंतरि : भारतीय वैद्यों में धन्वंतरि का स्थान सर्वश्रेष्ठ माना जाता है। क्षीरस्वामीकृत अमरकोष टीका के वनौषधि वर्ग के 50वें श्लोक की व्याख्या से ज्ञात होता है कि धन्वंतरि का बनाया हुआ एक कोश था और इनके नाम पर 'धन्वंतरि-निघण्टु' नामक ग्रंथ प्रसिद्ध है।

2. क्षपणक : क्षपणक शब्द का अर्थ है जैनयति। जैन विद्वानों का मत है कि प्रसिद्ध जैनाचार्य सिद्धसेन दिवाकर ही क्षपणक बनकर विक्रमादित्य की सभा में आए थे। इनका एक नाम कुमुदचंद्र भी मिलता है। ये जन्मत: वैदिकधर्मी ब्राह्मण थे। किंवदंती है कि एक दिन क्षपणक महाकालेश्वर मंदिर में कल्याण-मंदिर स्तव का पाठ कर रहे थे कि अकस्मात् स्तोत्र के प्रभाव से शिवलिंग दो भागों में विभक्त हो गया और उसमें से पार्श्वनाथ की मूर्ति प्रकट हो गई। इस चमत्कार को सुनकर राजा विक्रमादित्य प्रभावित हो उठे और उन्होंने तुरंत क्षपणक को गुरु मानकर उनसे जैन धर्म की दीक्षा ली।

3. अमरसिंह : अमरसिंह के धर्म को लेकर एक मान्यता नहीं है। कुछ लोगों का कहना है कि नाम में सिंह लगा होने की वजह से वे क्षत्रिय थे तो कुछ का मानना है कि उनका जन्म किसी बौद्ध धर्मानुयायी माता-पिता से हुआ था। उनके जैन धर्म को अंगीकार करने के भी प्रमाण मिलते हैं। ये राजा विक्रमादित्य के कोषकार थे।

4. शंकु : शंकु को शिक्षाचार्य होने के नाते विक्रमादित्य के नवरत्नों में

सम्मानित पद प्राप्त था। इनका वास्तविक नाम शंकुक था। कल्हण की 'राजरंगिनी' में शंकुक कवि का वर्णन मिलता है, जिन्होंने भुवनाभ्युदयम् काव्य की रचना की थी। हालाँकि विक्रमादित्य के दरबार में शंकुक की उपस्थिति हमेशा विवादित रही है।

5. वेतालभट्ट : वेताल की कथाएँ घर-घर प्रचलित हैं। वेताल-पच्चीसी और सिंहासन-बत्तीसी में विक्रम और वेताल की शृंखलाबद्ध कथाएँ हैं। इनका समय ईसा की चौथी शताब्दी में बताया जाता है। इनका लिखा 'नीति-प्रदीप' ग्रंथ मिलता है। वेतालभट्ट को मंत्र विद्या में महारथ हासिल थी।

6. घटखर्पर : विक्रमादित्य के दरबार में कालिदास के बाद ये दूसरे कवि थे। इनके बारे में एक कथा प्रचलित है कि इन्होंने ऐसी प्रतिज्ञा घोषित की थी कि यमक में जो कवि मुझे पराजित कर देगा, उसके घर पर फूटे घड़े से मैं आजीवन पानी भरा करूँगा। उनकी इस कठिन प्रतिज्ञा के कारण इनका नाम घटखर्पर पड़ा। घटखर्पर ने दो लघु काव्यों की रचना की—'नीतिसार' और 'घटखर्पर काव्यम्'।

7. कालिदास : महाकवि कालिदास के बारे में शायद ही कोई ऐसा हो, जो इन्हें न जानता हो। ये संसार प्रतिष्ठित कविकुलगुरु केवल विक्रमादित्य की सभा के ही नहीं, अपितु अखिल भारतीय विद्वत् सभा के प्रभावशाली रत्न हैं।

8. वराहमिहिर : ज्योतिर्विदों में इनका स्थान बहुत ऊँचा है। इनके ज्योतिष संबंधी ग्रंथ प्रमाणित माने जाते हैं। इन्होंने अपने पिता आदित्यदास से शिक्षा पाई थी।

9. वररुचि : वररुचि ने विक्रमादित्य के दरबार में होकर उनकी आज्ञा से 'पत्र कौमुदी' की रचना की थी। कौमुदी में चिट्ठी-पत्री लिखने की पद्धति का संग्रह है। पतंजलि ने अपने महाकाव्य में इन्हीं की कथाएँ लिखी हुई हैं। इनके अनेक व्याकरण ग्रंथ हैं, जिनमें से पाली भाषा का व्याकरण प्रसिद्ध है।

□

अमृत की एक बूँद ने धन्य किया मुझे

वह अमृत की एक बूँद थी, जिसने मुझे अमर कर दिया। यही बूँद सिंहस्थ में श्रद्धालुओं के समूह के रूप में नजर आती है। स्कंद पुराण के अवंति खंड में उल्लेख है कि देवताओं और दानवों ने वैमनस्य के बावजूद यह निश्चय किया कि पृथ्वी के वैभव को तो हम भोग ही चुके हैं, बस समुद्र ही एकमात्र हमारे अन्वेषण में बचा है। इसी समुद्र में अमरत्व प्रदान करनेवाला अमृत दबा हुआ है। परस्पर विचार-विमर्श के बाद रत्नाकर को मथने की बात हुई। मंथन के लिए मंदराचल पर्वत को मथनी (राई) तथा सर्पराज वासुकि को रस्सी (नेति) बनाने की योजना बनी। कच्छपरूपधारी भगवान् विष्णु मंदराचल के पृष्ठभाग थे (कूर्म पुराण)। दानवों ने रस्सी के रूप में सर्पराज का फन तथा देवताओं ने उनकी पूँछ पकड़ी और समुद्र-मंथन शुरू किया। मंथन की भीषणता से तीनों लोक काँप उठे, समुद्र के जीव-जंतु व्याकुल हो उठे और समुद्र की स्थिति तो और बदतर हो रही थी। अंततः देव-दानवों की संगठित शक्ति के आगे समुद्र नतमस्तक हो गया और उस क्षीरसागर से चौदह रत्न श्री, लक्ष्मी, कौस्तुभमणि, पारिजात वृक्ष, सुरा, धन्वंतरि, चंद्रमा, विष, पुष्पक विमान, ऐरावत हाथी, पाञ्चजन्य शंख, रंभा नामक अप्सरा, कामधेनु गौ, उच्चैःश्रवा अश्व और अंत में सुवर्ण कलश में बंद 'अमृत कुंभ' निकले। अमृत कलश हड़पने के लिए दोनों पक्षों में कुटिल विचार आने लगे। इसी बीच देवराज इंद्र ने अपने पुत्र जयंत को इशारा किया और वह अमृत कलश लेकर भाग निकला। जयंत को कलश लेकर भागता

देख दानवों ने देवताओं पर आक्रमण कर दिया। यह संग्राम देवताओं के बारह दिन अर्थात् मनुष्यों के बारह वर्षों तक चला। इन बारह दिनों में चार बार ऐसा हुआ कि जयंत दानवों के हत्थे चढ़ गया। आपसी छीना-झपटी में अमृत कलश से अमृत बूँदें छलकीं, जो कि चार स्थानों—हरिद्वार, प्रयाग, नासिक और उज्जैन में गिरीं। उनके पतन से ये स्थान अमरत्व को प्राप्त हुए। देवों में सूर्य-चंद्र और गुरु का अमृत कलश संरक्षण में विशेष सहयोग रहा था। चंद्र ने कलश को गिरने से, सूर्य ने फूटने से और गुरु ने असुरों के हाथों में जाने से बचाया था। इस कारण इन तीन ग्रहों की विशिष्ट स्थिति में, उन्हीं चार तीर्थों में, जहाँ अमृत बूँदें छलकी थीं, कुंभ पर्व मनाए जाने की परंपरा है। धार्मिक मान्यता है कि अमृत बूँदों से ये चारों तीर्थ और यहाँ की पवित्र नदियाँ (गंगा-यमुना-सरस्वती, गोदावरी और शिप्रा) अमृतमयी हो गई हैं। अंततोगत्वा भगवान् विष्णु ने अपनी माया से मोहिनी रूप धारण कर देवताओं को अमृत पान करा दिया।

□

कुंभ पर्व की पृष्ठभूमि

पुराणों में समुद्र मंथन की कथा से स्पष्ट है कि अमृत कलश के संरक्षण में सूर्य-चंद्र और गुरु का विशेष सहयोग रहा है, अत: इन ग्रहों के उसी विशिष्ट योग के अवसर पर कुंभ पर्व मनाने की परंपरा है, जिस विशेष ग्रह योगों में चारों तीर्थों में अमृत बूँदें गिरी थीं। देवताओं के बारह दिन और मनुष्यों के बारह वर्षों में कुल बारह कुंभ पर्व होते हैं। पृथ्वी पर मनुष्यों के चार कुंभ पर्व तथा शेष आठ कुंभ पर्व देवलोक में देवताओं के होते हैं।

1. प्रयाग कुंभ : माघी अमावस्या को मकर राशि में सूर्य, चंद्र हो तथा वृष का गुरु हो, दूसरे प्रमाण में मेष का गुरु हो, तो प्रयाग में कुंभ पर्व होता है। प्रयाग को तीर्थराज भी कहा जाता है। पद्‌म पुराण में प्रयाग का माहात्म्य बतलाते हुए कहा गया है कि सरस्वती, यमुना और गंगा का जहाँ संगम है, जहाँ स्नान करनेवाले ब्रह्मपद को पाते हैं, उस तीर्थराज प्रयाग की जय हो। कुंभ पर्व पर स्नान का फल अनेक गुणा प्राप्त होता है। धार्मिक मान्यता के अनुसार एक हजार अश्वमेध-यज्ञ, सौ वाजपेय-यज्ञ, एक लाख बार पृथ्वी की परिक्रमा करने का जो फल प्राप्त होता है, वह कुंभ पर्व में स्नान करने से तत्काल प्राप्त होता है।

2. हरिद्वार कुंभ : कुंभ राशि के गुरु में जब मेष का सूर्य आए तब हरिद्वार में कुंभ पर्व होता है। हरिद्वार में कुंभ पर्व मनाने के लिए साधु-संतों एवं श्रद्धालुओं का अपार जनसमूह एकत्र होता है। हरिद्वार की महिमा पद्‌म पुराण में भी उल्लिखित है। धार्मिक मान्यता है कि हरिद्वार में जिस दिन मेष राशि का सूर्य हो और गुरु कुंभ राशि पर हो, तो गंगा स्नान करने से पुनर्जन्म मिट जाता है।

3. नासिक सिंहस्थ : सिंह राशि के गुरु में जब सिंह राशि का सूर्य हो, तब नासिक में गोदावरी के तट पर कुंभ पर्व (सिंहस्थ) होता है। धार्मिक मान्यता के अनुसार नासिक सिंहस्थ पर्व मुक्ति-भक्ति प्रदान करनेवाला है। नासिक भारत के प्रमुख तीर्थ स्थलों में से एक है। यहाँ पंचवटी में श्रीराम, लक्ष्मण और सीता मैया ने वनवास का अधिकांश समय व्यतीत किया था। सीता-हरण भी यहीं हुआ था। यहाँ बहनेवाली गोदावरी नदी भारत की सात पवित्र नदियों में से है। इसे दक्षिण की गंगा भी कहा जाता है। लोक मान्यतानुसार, महर्षि गौतम लोगों की प्यास बुझाने के लिए शिव की तपस्या करके इसे पृथ्वी पर लाए थे। नासिक सिंहस्थ में गोदावरी में स्नान के महत्त्व को शिवपुराण में विस्तार से बतलाया गया है।

4. उज्जैन सिंहस्थ : उज्जैन में कुंभ पर्व को सिंहस्थ कहा जाता है। सिंहस्थ पर्व सिंह राशि के गुरु में मेष का सूर्य आने पर मनाया जाता है। नासिक और उज्जैन के कुंभ पर्व सिंहस्थ नाम से ही प्रचलित हैं। इसलिए दोनों स्थानों पर सिंह का गुरु छोड़कर पर्व की कल्पना ही नहीं की जा सकती। उज्जैन में कलकल बहनेवाली शिप्रा सर्वत्र पुण्यदायिनी और पापहारिणी है। सिंहस्थ पर्व पर शिप्रा में स्नान करने से व्यक्ति ब्रह्महत्या के पाप से भी मुक्त हो जाता है।

आधुनिक कुंभ पर्व का धार्मिक रूप से प्रचार-प्रसार आदिगुरु शंकराचार्य ने किया था। उन्होंने पर्व की शुरुआत धार्मिक मान्यताओं को बढ़ावा देने और हिंदुओं को अपनी सनातन संस्कृति की पहचान दिलाने के उद्‌देश्य से की थी। आज भी कुंभ पर्व मुख्यत: साधु-संत समाज का ही पर्व माना जाता है। वस्तुत: कुंभ पर्व सनातन है। अग्नि पुराण, गरुड़ पुराण, वराह पुराण, कूर्म पुराण, वामन पुराण, मत्स्य पुराण, ब्रह्मवैवर्त पुराण, पद्‌म पुराण, शिव पुराण, विष्णु पुराण, स्कंद पुराण, लिंग पुराण, हरिवंश पुराण, श्रीमद्‌भागवत, महाभारत, वाल्मीकि रामायण तथा अन्य प्राचीन ग्रंथों, जैसे ऋग्वेद, अथर्ववेद, शतपथ ब्राह्मण में वर्णित आख्यानों से कुंभ पर्व की प्राचीनता का अनुमान लगाया जा सकता है। गौतम बुद्ध ने नदियों के तट पर आयोजित कुंभ पर्व को 'नदी पर्व' कहा है। चीनी यात्री

ह्वेनसांग (ई.स. 633 से 644 तक), जो भारत के विभिन्न क्षेत्रों की यात्राएँ करता रहा, ने कुंभ पर्व पर काफी विस्तार से लिखा है। वहीं यूरोपीय यात्री टॉमस हार्डविक ने कुंभ पर्व के दौरान हुए खूनी संघर्ष का विस्तार से वर्णन किया है।

विष्णु पुराण के अनुसार—"हजारों स्नान कार्तिक में, सैकड़ों स्नान माघ मास में किए हों तथा करोड़ों बार वैशाख में नर्मदा स्नान से जो पुण्य प्राप्त होता है, वही पुण्य एक बार कुंभ पर्व में स्नान करने से प्राप्त होता है।"

दक्षिण भारत का कुंभ कुंभकोणम्

यों तो कुंभ पर्व पृथ्वी में चार जगहों हरिद्वार, प्रयाग, नासिक और उज्जैन में मनाए जाते हैं, किंतु दक्षिण भारत के कुंभकोणम् में भी एक कुंभ पर्व का आयोजन होता है। लोक परंपरा के अनुसार इसे सबसे पुराना कुंभ माना जाता है। कुंभकोणम् में कुंभ राशि के सूर्य में मघा नक्षत्र के चंद्रमा के योग में मुख्य स्नान होता है। तमिलनाडु के तंजौर जिले में स्थित कुंभकोणम् अर्थात् कुंभ (घड़े) की नासिका में महामहम् पर्व के पीछे एक विशिष्ट पौराणिक कथा है। अमृत से भरा कुंभ प्रलय के समय कुंभकोणम् में आकर ठहर गया, जिसे शिकारी वेश में भगवान् शंकर ने अपने तीर से फोड़ दिया। कुंभ की नासिका के फूटने से अमृत भूमि पर फैल गया। उससे निर्मित सरोवर अमृतमय होने के कारण सदियों से लोक आस्था का केंद्र बना हुआ है। इसे दक्षिण भारत का कुंभ कहा जाता है। उज्जैन में आयोजित सिंहस्थ पर्व के पहले फरवरी-मार्च महीने में कुंभकोणम् पर्व मनाया जाता है। 13 फरवरी को कुंभ संक्रांति होती है, जो कुंभकोणम् के विशेष महत्त्व को द्योतित करती है। इस पर्व को लेकर कुछ लोगों का यह भी मत है कि ब्रह्माजी के यज्ञ में स्वयं भगवान् शंकर यहाँ अमृत कुंभ लेकर प्रकट हुए थे। इसी से इसका नाम कुंभकोणम् पड़ा। यहाँ का मुख्य स्नान महाभैरव सरोवर में होता है।

अर्द्धकुंभ

हिंदू समाज में कुंभ पर्व की परिकल्पना अत्यंत प्राचीन है। हरिद्वार,

प्रयाग, नासिक और उज्जैन में बारह-बारह वर्षों के अंतराल से कुंभ पर्व मनाने की व्यवस्था है, जबकि हरिद्वार और प्रयाग में उनके कुंभ पर्व के छठवें वर्ष में अर्द्धकुंभ पर्व भी आयोजित किए जाते हैं। नासिक और उज्जैन में अर्द्धकुंभ नहीं होते हैं। उक्त दोनों अर्द्धकुंभों का कोई पौराणिक या शास्त्रोक्त आधार नहीं है। इस दौरान न तो यहाँ शाही स्नान की परंपरा है और न ही शाही जुलूस ही निकलते हैं। अर्द्धकुंभ पर्व में मात्र सत्संग व स्नानादि कार्य ही संपन्न होते हैं। ऐतिहासिक तथ्यों के अनुसार मुगलों की हिंदू दमन नीति से दुःखी होकर संतों ने अर्द्धकुंभ की परिकल्पना की थी, ताकि सनातन संस्कृति को पल्लवित किया जा सके।

क्या उज्जैन में शुरू होगी अर्द्धकुंभ की परंपरा?

कुंभपर्व और अर्द्धकुंभ पर्व के विषय में हम पीछे पढ़ चुके हैं। सदियों से उज्जैन में सिंहस्थ पर्व मनाते आए हैं न कि कुंभ। हालाँकि हरिद्वार और प्रयाग की भाँति यहाँ भी अर्द्धकुंभ हो, ऐसी परिकल्पना हमेशा प्रयासों में रही है। जब उज्जैन में सिंहस्थ मनाया जाता है तो हरिद्वार में अर्द्धकुंभ मनाया जाता है। अर्द्धकुंभ को हम पर्व नहीं कह सकते। यह दो कुंभों के बीच का सत्र होता है। दरअसल अर्द्धकुंभ धार्मिक, आध्यात्मिक व सांस्कृतिक चेतना वाले कुंभ महापर्व का मध्य सत्र है। उज्जैन में केवल एक बार 1950 में दत्त अखाड़ा के श्रीमहंत संध्यापुरीजी महाराज ने अर्द्धकुंभ मनाया था। तथ्य यह था कि सिंह राशि में सप्तम राशि कुंभ राशि के गुरु में मेष का सूर्य हो, तब वैशाख मास में उज्जैन में अर्द्धकुंभ का योग बनता है। वर्ष 1950 में संध्यापुरीजी महाराज द्वारा पहली बार मनाए गए अर्द्धकुंभ के तहत वैशाखी पूर्णिमा 2 मई, 1950 को उन्होंने साधु-संतों सहित शिप्रा स्नान किया व महारुद्र यज्ञ किया। इसके पश्चात् 1986 में पं. आनंदशंकर व्यास ने वैशाख मास में अर्द्धकुंभ मनाने के लिए प्रयास व पहल की थी, परंतु उसे व्यापक जनसमर्थन नहीं मिल पाया था। इस तरह उज्जैन में अर्द्धकुंभ की परिकल्पना साकार रूप नहीं ले सकी।

1897 में उज्जैन की जगह महिदपुर में हुआ था 'सिंहस्थ'

पौराणिक आख्यानों एवं विधि के विधान के चलते उज्जैन में आयोजित होनेवाला सिंहस्थ पर्व वर्ष 1897 में उज्जैन में नहीं हुआ था। आप यह सुनकर चौंक गए होंगे, किंतु यह सत्य है। वर्ष 1897 का सिंहस्थ उज्जैन के स्थान पर महिदपुर में हुआ था। आज से 118 वर्ष पहले 1897 में उज्जैन में भीषण अकाल पड़ा था। अन्न और जल के अभाव में लोग सिंहस्थ वर्ष में पलायन करने लगे थे। शिप्रा नदी में पानी भी सूख गया था, जिसके कारण स्नान की समस्या खड़ी हो गई थी। साधुओं के लिए अन्न-जल के प्रबंध की समस्या भी थी। तत्कालीन रियासत उज्जैन में सिंहस्थ की व्यवस्था करने में असमर्थ होने लगी थी। सिंधिया शासन ने इंदौर के होल्कर राजा के माध्यम से साधुओं को यह संदेश दिया कि अकाल के कारण उनके लिए उज्जैन में सिंहस्थ करना कठिन होगा। उस समय इंदौर से उन्हेल होते हुए महिदपुर का रास्ता था। महिदपुर में होल्कर रियासत का राज था। शिप्रा की एक उगाल अर्थात् पानी का एक बड़ा हिस्सा महिदपुर के गंगवाड़ी क्षेत्र में भी था। होल्कर नरेश ने साधुओं के सिंहस्थ स्नान की व्यवस्था गंगवाड़ी में की और यहाँ आनेवाली जमातों के लिए सभी जरूरी प्रबंध किए गए। इस कार्य से साधुओं के गंगवाड़ी पहुँचने पर महिदपुर में सिंहस्थ पर्व मनाया गया और साधुओं ने गंगवाड़ी में स्थित शिप्रा नदी में ही स्नान किया। सिंहस्थ महापर्व के इतिहास में यह पहली घटना थी, जब सिंहस्थ के दौरान रामघाट और समूचा मेला क्षेत्र सूना रहा और सिंहस्थ उज्जैन से 60 किलोमीटर दूर महिदपुर में संपन्न हुआ। हालाँकि इसके बाद सन् 1919 में अगला सिंहस्थ पर्व परंपरागत रूप से उज्जैन में ही मनाया गया।

□

सिंहस्थ पर्व का माहात्म्य

हरिद्वार, प्रयाग और नासिक के कुंभ पर्वों से बढ़कर उज्जैन का कुंभ पर्व (सिंहस्थ) इसलिए महत्त्वपूर्ण है, क्योंकि यहाँ इसके साथ सिंहस्थ भी सम्मलित होते हैं। पुराणों में लिखा है—'मेष राशि गते सूर्ये सिंह राश्यी बृहस्पतो, अवन्तिकायीभवेत्कुम्भः सदामुक्ति प्रदायकः।' ग्रंथों के इसी सम्मिलन के कारण दस महत्त्व के योग सिंहस्थ में बनते हैं। ये दस योग हैं—वैशाखमास, शुक्लपक्ष, पूर्णिमा, मेष राशि का सूर्य, सिंह राशि पर गुरु की स्थिति, तुला राशि पर चंद्र की स्थिति, स्वाति नक्षत्र, व्यातिपात योग, पवित्र तिथि सोमवार एवं मोक्ष प्रदायक अवंति क्षेत्र। ऐसी मान्यता है कि इस योग में देवगण भी पृथ्वी पर उतरते हैं और पुण्यसलिला शिप्रा में स्नान करते हैं। सिंहस्थ पर्व पर शाही स्नान के दौरान विभिन्न संन्यासी, अखाड़े, धर्मशास्त्री और शंकराचार्य शिप्रा में स्नान करते हैं। अमृत मंथन की जिस कथा को आप पूर्व में पढ़ चुके हैं और जानते हैं कि भगवान् विष्णु ने मोहिनी रूप धारण कर देवताओं को अमृतपान करवाया था, वह अमृतपान उज्जैन की धरा पर ही हुआ था, इसलिए यहाँ सिंहस्थ की महिमा अपरंपार है। उज्जैन में प्रवाहित होनेवाली शिप्रा नदी का बड़ा माहात्म्य है। लोक मान्यता है कि यह नदी भगवान् विष्णु के शरीर से उत्पन्न हुई है।

सिंहस्थ पर्व का काल निर्णय

हमारे धार्मिक कर्मानुष्ठान संकल्पादि का संबंध बार्हस्पत्य वर्ष को लेकर

है। सिंहस्थ भी बार्हस्पत्य वर्ष के अनुसार मनाए जानेवाले पर्व हैं। इन पर्वों का संबंध गुरु चक्र भ्रमण के अनुसार रहा है। गुरु का एक मध्यम राशि भोगकाल 361 दिन 1 घटी, 36 पल दिया हुआ है। कुंभ पर्व के लिए सूर्य, चंद्र तो प्रतिवर्ष उपलब्ध हो जाते हैं, किंतु गुरु प्राय: 12 वर्ष में ही प्राप्त होते हैं। 12 वर्ष के लंबे अंतर के बाद प्राप्त होने से गुरु का संयोग ही कुंभ पर्व में विशिष्ट योग है। हालाँकि आपको जानकार आश्चर्य होगा कि 85 वर्षों के अंतर से गुरु 12 वर्ष के बजाय 11 वर्ष में ही 12 राशियों का भ्रमण पूर्ण कर लेते हैं। इस कारण 84 वर्ष में 6 कुंभ पर्व तक तो 12 वर्षों वाली परंपरा निभाई जा सकती है, किंतु सातवें कुंभ पर्व को हमें 11 वर्ष के अंतर से ही स्वीकार करना होगा। सन् 1956 में उज्जैन सिंहस्थ पर्व के आयोजन को लेकर धर्माचार्यों में तिथि को लेकर जो विवाद हुआ था, वह गुरु की गति पर ही था। कुछ धर्माचार्यों के अनुसार सिंहस्थ पर्व सन् 1956 में ही पड़ता था तो कुछ के अनुसार इसे 1957 में पड़ना चाहिए था। अंततोगत्वा षड्दर्शन अखाड़ों ने 1957 में सिंहस्थ मनाया, जबकि दंडी स्वामियों ने एक वर्ष पूर्व 1956 में इसका आयोजन किया। इसी तरह भविष्य में संवत्सर 2096 (सन् 2039) या 2097 (सन् 2040) को लेकर संभवत: मतभेद आ सकते हैं, जिनका समाधान उसी वर्ष संभव होगा।

उज्जैन के भावी सिंहस्थ पर्व

सं. 2085 चै.शु. 15 रविवार ता. 09 अप्रैल, 2028 से
वै.शु. 15 सोमवार ता. 08 मई, 2028 तक
सं. 2097 चै.शु. 15 शुक्रवार ता. 27 अप्रैल, 2040 से
वै.शु. 15 शनिवार ता. 26 मई, 2040 तक

उज्जैन सिंहस्थ पर्व के परिपेक्ष्य में यदि 12 वर्ष वाली परंपरा को मान लिया जाए तो यहाँ का पर्व गुरु की सभी राशियों में होने लगेगा। यह 12 वर्ष का अशास्त्रीय पक्ष हमारे पर्व का इसलामीकरण कर देनेवाला है। जैसे यवनों के पर्व (मुहर्रम आदि) चंद्रमान से होने के कारण सभी मास ऋतुओं में होते

रहते हैं, वैसी ही स्थिति कुंभ पर्वों की भी हो जाएगी। हालाँकि 1980 से सभी संतों ने 84 वर्ष के संस्कार को समझा और सर्वसम्मति से सिंहस्थ पर्व मनाया।

विशेष: संवत्सर 2013 में 11 वर्ष के अंतर से पर्व होकर सं. 2025/2037/2049/2061/2073/2085 तक 6 पर्व 12-12 वर्ष में होते हुए पुनः सं. 2096 में 11 वर्ष के अंतर से यहाँ का पर्व मनाए जाने से गुरु की निर्दिष्ट राशि अनंतकाल तक साथ नहीं छोड़ेगी।

(पं. आनंदशंकर व्यास से बातचीत पर आधारित)

2016 सिहंस्थ-पर्व स्नान की तिथियाँ

आगामी सिंहस्थ-2016 का आयोजन चैत्र शुक्ल 15 शुक्रवार 22 अप्रैल से वैशाख शुक्ल 15 शनिवार 21 मई, 2016 तक है। इस दौरान पर्व का आरंभ स्नान चैत्र शुक्ल 15 शुक्रवार 22 अप्रैल, 2016 को होगा। प्रमुख स्नान वैशाख शुक्ल 15 शनिवार 21 मई, 2016 को होगा।

ज्योतिषाचार्य पं. आनंदशंकर व्यास द्वारा दी गई जानकारी के अनुसार सिंहस्थ-2016 के पर्व स्नान इस प्रकार होंगे—

1. पर्व का आरंभ स्नान चैत्र शुक्ल 15 शुक्रवार, 22 अप्रैल, 2016
2. व्रत पर्व वरुथिनी एकादशी वैशाख कृष्ण 11 मंगलवार, 03 मई, 2016
3. पर्व वैशाख कृष्ण 30 शुक्रवार, 06 मई, 2016
4. पर्व अक्षय तृतीया वैशाख शुक्ल 3 सोमवार, 09 मई, 2016
5. पर्व शंकराचार्य जयंती वैशाख शुक्ल 5 बुधवार, 11 मई, 2016
6. वृषभ संक्रांति पर्व वैशाख शुक्ल 9 रविवार, 15 मई, 2016
7. मोहिनी एकादशी पर्व वैशाख शुक्ल 11 मंगलवार, 17 मई, 2016
8. प्रदोष पर्व वैशाख शुक्ल 13 गुरुवार, 19 मई, 2016
9. नृसिंह जयंती पर्व वैशाख शुक्ल 14 शुक्रवार, 20 मई, 2016
10. प्रमुख स्नान वैशाख शुक्ल 15 शनिवार, 21 मई, 2016

शाही स्नानों की तिथियाँ

1. पर्व का आरंभ स्नान चैत्र शुक्ल 15 शुक्रवार दिनांक 22 अप्रैल, 2016
2. पर्व अक्षय तृतीया वैशाख शुक्ल 3 सोमवार दिनांक 09 मई, 2016
3. प्रमुख स्नान वैशाख शुक्ल 15 शनिवार दिनांक 21 मई, 2016

□

खूनी भी हुए हैं कुंभ

कुंभ वस्तुतः साधु-संत समुदाय का पर्व है। श्रद्धालु व आमजन भी स्नान और संतों के दर्शन की अभिलाषा लेकर ही इस पर्व के साक्षी बनते हैं। इस अवसर पर विभिन्न संप्रदाय और अखाड़े अपने धार्मिक दर्शनानुसार कुंभ पर्व को सार्थक करते हैं। वर्तमान में कुल तरह अखाड़े; शैव दशनामी संन्यासियों के सात, वैष्णव संतों के तीन, उदासीन संतों के दो तथा सिक्ख संतों का एक अखाड़ा मिलकर कुंभ महापर्व को सिद्ध करते हैं। इन अखाड़ों से जुड़े लाखों अनुयायी, संत, साधु, संन्यासी इत्यादि शाही जुलूसों के रूप में सर्वप्रथम स्नान करते हैं। हालाँकि कई बार इन संतों के बीच स्नान में 'प्रथम कौन' को लेकर खूनी संघर्ष भी हुआ है, जिसने कुंभ पर्व की पवित्रता को मलिन किया है। ऐतिहासिक तथ्यों के अनुसार, सन् 1260 में महानिर्वाणी अखाड़े के हजारों संन्यासियों ने शाही स्नान के लिए प्रथम स्नान को लेकर रामानंदी वैष्णव संन्यासियों पर धावा बोल दिया था। दोनों में एक सप्ताह तक परस्पर युद्ध चला था। बाद में अखाड़ों के संघर्ष को दूर करने के लिए शाही स्नान हेतु अखाड़ों का क्रम भी निर्धारित कर दिया गया था, लेकिन यदा-कदा इनका संघर्ष होता ही रहा है।

सन् 1760 में हरिद्वार कुंभ में शाही स्नान को लेकर शैव संन्यासियों और वैष्णव साधुओं में भीषण युद्ध हुआ था। इस युद्ध में 20 हजार के लगभग साधु मारे गए थे। कहते हैं कि इस कुंभ के बाद वैष्णव साधुओं ने हरिद्वार कुंभ पर्व में आना छोड़ दिया था। बाद में 1854 में उन्होंने कुंभ पर्व

में भाग लेना शुरू किया। इसी तरह 1796 में हरिद्वार कुंभ पर्व के शाही स्नान को लेकर सैकड़ों साधु मारे गए थे। महाराजा पटियाला द्वारा संरक्षण प्राप्त निर्मल संप्रदाय के साधु कुंभ पर्व में प्रथम शाही स्नान करना चाहते थे, मगर अन्य संप्रदायों ने उन्हें स्नान की अनुमति नहीं दी। इस बात से विवाद हुआ और 14 हजार सिक्ख सैनिकों ने मार-काट मचाते हुए प्रथम शाही स्नान किया। इसी वर्ष से दूसरे अखाड़ों ने सिक्खों के निर्मल अखाड़े को मान्यता दी। सन् 1869 में भी प्रथम शाही स्नान को लेकर साधुओं के बीच हुए संघर्ष में हजारों साधु मारे गए थे। इस संघर्ष के पश्चात् ही वैष्णव और निर्मल अखाड़े के बीच समझौता हुआ था, जिसके अनुसार सबसे पहले निरंजनी अखाड़ा और उसके बाद में महानिर्वाणी, वैरागी, निर्मल तथा अन्य अखाड़े के साधुओं के स्नान की बात तय हुई थी।

28 मार्च, 1998 को शाही स्नान के प्रथम क्रम को लेकर निरंजनी अखाड़ा और जूना अखाड़ा में खूनी संघर्ष हुआ, जिसमें हजारों श्रद्धालु भी घायल हुए। उज्जैन में आयोजित सिंहस्थ 2004 में श्री पंच दशनाम जूना अखाड़ा से जुड़े श्रीपंच आह्वान एवं श्रीपंच अग्नि अखाड़े के आपसी विवाद को लेकर अखाड़ा परिषद् को बहिष्कार करने का फैसला पत्र देकर सूचित किया था। उस दौरान सिंहस्थ 2004 प्रारंभ होने से पहले अखाड़ा परिषद् एवं प्रशासन के अधिकारियों की बैठक में प्रस्ताव पारित किया गया और साथ ही कानून व्यवस्था बनाए रखने के उद्देश्य से उज्जैन जिला मजिस्ट्रेट द्वारा दंड प्रक्रिया संहिता के तहत धारा 144 के तहत आदेश पारित कर दोनों अखाड़ों की पेशवाई एवं स्नान की अनुमति प्रदान नहीं की गई। उक्त दोनों अखाड़ों पर प्रतिबंध लगा दिया गया। हालाँकि दोनों अखाड़ों के सिंहस्थ 2004 के मेला क्षेत्र में शिविर लगाए गए, लेकिन इससे जुड़े संतों ने न स्नान किया और न ही शाही स्नान में शामिल हुए।

इसी प्रकार 2004 में नीमिया बाबा एवं उनके साथी महंतों का अणी अखाड़ों द्वारा खालसा निरस्ती करके बष्हिकार किया गया। यहाँ भी माहौल बेहद तनावपूर्ण था, किंतु मार-काट की नौबत नहीं आई। वर्तमान में तपोनिधि

निरंजनी अखाड़ा, आनंद अखाड़ा, जूना अखाड़ा, आवाहन अखाड़ा, अग्नि अखाड़ा, पंचायती महानिर्वाण अखाड़ा, श्रीपंच अटल अखाड़ा, उदासीन अखाड़ा, वैरागी अखाड़ा क्रमशः स्नान करते हैं। कुंभ महापर्व में प्रथम शाही स्नान को प्रतिष्ठा का प्रश्न बनाकर साधु-संन्यासियों में खूनी संघर्ष होते रहते हैं, जो संत समाज की प्रतिष्ठा को धूमिल करते हैं।

□

अखाड़ों व संतों की पहचान

सिंहस्थ में अखाड़ों की उपस्थिति श्रद्धालुओं का मन मोह लेती है। पर क्या आप यह पहचान कर सकते हैं कि फलाँ कौन सा अखाड़ा है या फलाँ अखाड़े का साधु कैसा दिखता है? नहीं न। जहाँ तक अखाड़ों की पहचान की बात है तो ध्वज के जरिए यह पता लगाया जा सकता है कि कौन सा अखाड़ा है अथवा किस अखाड़े का पड़ाव यहाँ पर है। रामानंदी संप्रदाय के तीनों अखाड़े—दिगंबर अणि, निर्मोही तथा निर्वाणी के ध्वजों में आसानी से अंतर समझा जा सकता है। अखाड़ों के ध्वज 13.5 फुट चौड़े और 6 फुट लंबे होते हैं। दिगंबर अणि अखाड़े का ध्वज 5 रंगों का होता है—गहरा नीला, लाल, पीला, हरा और सफेद। ध्वज के एक ओर हनुमानजी और दूसरी तरफ सूर्य का चित्र बना होता है। इस ध्वज के ऊपरी भाग पर कलश भी होता है। जबकि निर्मोही तथा निर्वाणी अखाड़ों के ध्वजों के ऊपरी भाग पर कलश नहीं होता है। सफेद रंग के इन ध्वजों पर बाहर की ओर हनुमानजी तथा अंदर की ओर सूर्य की जगह गरुड़ का चित्र बना होता है। इसी तरह विभिन्न संप्रदायों या पंथों के संतों की पहचान भी तिलक के माध्यम से की जा सकती है। वैसे भी सिंहस्थ में संतों के मस्तक पर लगे तिलक बरबस ही आकर्षित करते हैं। मुख्य रूप से तीन प्रकार के संप्रदाय विशेष के संतों द्वारा चंदन, गोपी चंदन और रोली से तिलक लगाया जाता है। तीन प्रकार के तिलक मुख्य रूप से संतों की पहचान का बोध कराते हैं—

(1) वैष्णव संप्रदाय द्वारा ऊर्ध्वपुंड्र लगाया जाता है।

(2) शैव संप्रदाय द्वारा त्रिपुंड्र लगाया जाता है।

(3) शाक्त संप्रदाय के अनुयायी ललाट पर रोली का तिलक लगाते हैं।

दरअसल, तिलक लगाने का भौतिक उद्‌देश्य भी होता है। आज के दौर में मनुष्य व्यर्थ चिंतन एवं मनन करता है। उससे मस्तिष्क में ऊष्मा उत्पन्न होती है एवं तिलक उस ऊष्मा को शांत करने में सहायक होता है। तिलक लगाना तीनों अवस्थाओं जाग्रत्, स्वप्न एवं सुषुप्ति से ऊपर उठने में सहायक होता है और प्रभु को आत्मसात् करने का माध्यम होता है।

सिंहस्थ महापर्व में भाग ले रहे साधु-संत विभिन्न संप्रदायों, अखाड़ों आदि से संबद्ध होते हैं। हालाँकि जरूरी नहीं कि सभी साधु-संत अखाड़ों से संबद्ध हों। कई साधु-संत ऐसे भी होते हैं, जिनका अखाड़ों से कोई संबंध नहीं होता। ऐसे साधु-संत बिना दीक्षा के परमहंस की स्थिति तक पहुँचते हैं, इस कारण वे 'दसनामी' साधुओं में नहीं गिने जाते हैं। दसनामी परमहंस होने के लिए किसी-न-किसी अखाड़े से संबद्ध होना आवश्यक होता है।

अखाड़ों का इतिहास : कहा जाता है कि सिकंदर लोदी (सन् 1489-1517 ई.) के समय तक हिंदुओं पर होनेवाले अत्याचारों की कोई सीमा नहीं थी। सन् 1398 में तैमूर ने हरिद्वार में बड़ी संख्या में बैरागियों को मरवा डाला था। इन परिस्थितियों में श्री बालानंद का उदय हुआ, जो आचार्य बृजनंदजी के शिष्य थे। इन्होंने सन् 1672 में चतुः संप्रदायों एवं संबंधित अखाड़ों को संगठित किया। वैष्णव बैरागियों के अखाड़े का संगठन 1650 से 1700 ई. के बीच हुआ। इस स्थापना का एक कारण यह भी था कि वैष्णवों के चार वर्गों में विभाजन और मतभेद था, जिसका लाभ लेकर शैव संप्रदाय के साधु-महात्मा बैरागियों को तंग किया करते थे। इसके अलावा 18वीं शताब्दी में वैष्णव संप्रदायों को अनेक संकटों का सामना करना पड़ रहा था। यवन आक्रमणकारियों और विधर्मी शासकों से उन्हें अपार कष्ट था। वैष्णवेतर संप्रदायों की असहिष्णुता भी उनको त्रस्त कर रही थी। श्री बालानंद ने पारस्परिक भेदभाव की उपेक्षा कर उन्हें एकसूत्र से बाँधने के लिए ही अखाड़ों की प्रथा चलाई थी, ताकि संगठित होकर वे प्रतिपक्षियों से अपनी रक्षा के साथ ही तीर्थों की प्रतिष्ठा बचाने में समर्थ हो सकें।

अखाड़ा शब्द की उत्पत्ति : आम्नाय का अपभ्रंश रूप अखाड़ा है। अखाड़ा 'अखंड' शब्द का बिगड़ा हुआ रूप है। किंतु रामादल के अनुयायी 'अखाड़ा' शब्द को इस रूप में ग्रहण नहीं करते। अखाड़ा शब्द आध्यात्मिक रूप से प्रयोग किया जाता है, क्योंकि मल्लशाला में अखाड़े का प्रदर्शन नहीं होता है। अखाड़ों की अपनी शब्दावली है। भारत में अखाड़ों की प्रमुख बैठकें अयोध्या, वृंदावन, चित्रकूट, नासिक एवं पुरी में हैं।

अखाड़ों में महिलाओं को स्थान नहीं : अखाड़ों में महिलाओं के लिए स्थान नहीं है। यहाँ तक कि अखाड़ों में देवियों की उपासना भी वर्जित थी, किंतु वर्तमान में सीताराम की उपासना सम्मिलित कर ली गई है।

अखाड़ों के प्रकार : दिगंबर अणि के महंत श्री सुख़रामदासजी के अनुसार, अखाड़ों के दो प्रकार होते हैं। एक अखाड़े को मुल्की अखाड़ा (जो पड़ाव करते रहते हैं) कहते हैं, जबकि दूसरे अखाड़े को मकानी अखाड़ा (एक ही स्थान पर रहते हैं) कहते हैं। घुर्ये ने इन अखाड़ों के नाम क्रम से स्थानीय अखाड़ा और रमता अखाड़ा बताए हैं। स्थानीय अखाड़े में चतु:संप्रदाय के नागा ही रहते हैं।

अखाड़ों की स्थापना : कहा जाता है कि अयोध्या में सर्वप्रथम श्री बालानंद द्वारा सात अखाड़े संगठित रूप से स्थापित किए गए थे।

1. निर्वाणी अखाड़ा : इसके स्थापक अभयरामदासजी नामक संत थे, जो नवाब सफदरजंग (1739-54 ई.) के समकालीन थे। हनुमानगढ़ी पर इसी अखाड़े का अधिकार है। कालांतर में शिष्यों की संख्या में असाधारण रूप से वृद्धि होने पर यह चार पट्टियों में विभक्त हो गया, जिनके नाम हरद्वारी, बसंतिया, उज्जैनिया और सागरिया हैं। नागा लोगों के भी चार विभाजन हैं, जिन्हें 'सेती' कहा जाता है और उनके नाम भी उपरोक्त ही हैं। आरंभ से ही अयोध्या का यह सबसे अधिक शक्तिशाली अखाड़ा रहा है। यहाँ के साधु बहुत ही धनी हैं। फैजाबाद, गोंडा, बस्ती, प्रतापगढ़ में इस अखाड़े की काफी भूमि है। फैजाबाद में इनके अधीन कुछ गाँव भी थे।

2. दिगंबर अखाड़ा : अयोध्या में इस अखाड़े की स्थापना बलरामदासजी

ने की थी। इसकी स्थापना को कम-से-कम 250 वर्ष हो गए हैं। सन् 1905 में यहाँ के महंत अपनी परंपरा में 11वें थे। दिगंबर अखाड़े के साधु नग्न ही रहते हैं। दिगंबर निंबार्की अखाड़े को श्याम दिगंबर और रामानंदी में यही अखाड़ा राम दिगंबर अखाड़ा कहा जाता है।

3. निर्मोही अखाड़ा : गोविंददास नाम के एक संत ने, जो जयपुर से अयोध्या आए थे, रामघाट पर इस अखाड़े की स्थापना की थी। इसका काल भी 18वीं सदी का आरंभ माना जाता है। कहा जाता है कि कुछ समय बाद गद्दी संबंधी विवाद के कारण इसमें दो वर्ग हो गए। एक वर्ग रामघाट पर रहने लगा और दूसरा वर्ग गुप्तार घाट पर। गुप्तार घाट के निर्मोहियों के पास बस्ती, मानकपुर, खुर्दाबाद आदि स्थानों पर काफी भूमि है।

4. संतोषी अखाड़ा : सफदरजंग के शासनकाल में जयपुर से आए श्री रतिरामदास ने एक मंदिर बनवाकर इस अखाड़े को स्थापित किया। वाजिद अली शाह के शासनकाल में निद्धिसिंह नामक एक अलवार ने दूसरा मंदिर बनवाया था। इसके बाद खुशहालदास नामक एक संतोषी साधु अयोध्या आए और उनके उत्तराधिकारी रामकृष्णदास ने नया मंदिर बनवाया। सन् 1900 में जब महंत की मृत्यु हुई तब बहुत दिनों तक यह अखाड़ा वीरान पड़ा रहा। संतोषी अखाड़े में मूर्तियों (साधु) की संख्या कम है।

5. खाकी अखाड़ा : कहा जाता है कि चित्रकूटवासी संत दयाराम ने शुजाउद्दौला के समय (1754-75 ई.) में नवाब से चार बीघा भूमि प्राप्त कर इस अखाड़े की नींव डाली थी। खाकी अखाड़े के साधु अपने शरीर पर भस्म रमाते हैं। बस्ती में इनकी भूमि भी है। 'ख' का अर्थ है ब्रह्म का स्मरण और 'क' का सुख अर्थात् ब्रह्म के स्मरण में जिसे सुख हो, वह खाकी है।

6. महानिर्वाणी अखाड़ा : कोटा-बूँदी के निवासी महात्मा पुरुषोत्तमदास ने शुजाउद्दौला के शासनकाल में इस अखाड़े की स्थापना की थी। इन्होंने एक मंदिर भी बनवाया था।

7. निरावलंबी अखाड़ा : कहा जाता है कि कोटा के बीरबलदास ने इस अखाड़े की स्थापना शुजाउद्दौला के समय में की थी। उन्होंने अयोध्या में

एक मंदिर का निर्माण भी करवाया था, जिसे बाद में तोड़ दिया गया था। इनके बाद नरसिंहदास ने दर्शनसिंह के पास ही एक नया मंदिर बनवाया। इनकी संपत्ति थोड़ी सी है। निरावलंबी का अर्थ 'आलंबनहीन' किया जाता है।

कालांतर में उपासना की दृष्टि से अखाड़ों की संख्या बढ़ती गई। इस कारण संगठन एवं व्यूह रचना की दृष्टि से तीन अणियाँ रखी गईं, जिन्हें निर्मोही, दिगंबर और निर्वाणी अणि की संज्ञा दी गई।

निरंजनी अखाड़ा : ऐसा विश्वास किया जाता है कि निरंजनी अखाड़े की स्थापना वर्ष 904 में गुजरात में स्थित मांडवी में हुई थी, किंतु यह तिथि इतिहासकार जदुनाथ सरकार के मत से वर्ष 1904 है, जिसको निरंजनी स्वीकार नहीं करते, क्योंकि उनके पास मौजूद प्रमाण के अनुसार निरंजनी अखाड़े की स्थापना विक्रम संवत् 960 में हुई। समस्त अखाड़ों में निरंजनी अखाड़ा अधिक प्रसिद्ध है। इस अखाड़े के इष्टदेव कार्तिकेय हैं, जो देव-सेनापति हैं। इस अखाड़े का इतिहास मोहनानंद से प्राप्त होता है, जो डूँगरपुर रियासत के राजगुरु थे। इनकी मृत्यु 5 दिसंबर, 1953 को हुई। इनके बाद स्वामी केवलानंदजी इस अखाड़े का उत्तरदायित्व सँभालते रहे। निरंजनी अखाड़े के विषय में श्री शालिग्राम श्रीवास्तव ने अपनी पुस्तक 'प्रयाग प्रदीप' में बताया है कि इनका स्थान दारागंज में है। ये लोग भी शैव हैं। जटा रखते हैं। कहा जाता है कि हरिद्वार, काशी, त्र्यंबक, ओंकार, उज्जैन, उदयपुर, बगलामुखी आदि स्थानों में इनकी काफी संपति है।

निर्वाणी अखाड़ा : निर्वाणी अखाड़े का केंद्र कनखल है। इस अखाड़े की गोविंद मठ शाखा के आचार्य कृष्णानंद गिरि थे। निर्वाणी अखाड़े की शाखाएँ प्रयाग के अतिरिक्त कनखल, ओंकार, काशी, त्र्यंबक, कुरुक्षेत्र, उज्जैन, उदयपुर में हैं। महाकाल मंदिर उज्जैन में भस्म चढ़ानेवाले महंत निर्वाणी अखाड़े से ही संबंध रखते हैं।

महानिर्वाणी अखाड़ा : कहा जाता है कि महानिर्वाणी अखाड़ा निर्वाणी अखाड़े की ही एक शाखा है, जिसकी स्थापना कुंदगढ़ के सिद्धेश्वर मंदिर में की गई थी। यह स्थान छोटा नागपुर में है। इस अखाड़े का इतिहास इस

बात से प्रमाणित होता है कि इस अखाड़े के संन्यासियों की लड़ाई सन् 1664 में हुई थी। इसकी स्थापना को लेकर मतभेद हैं। कुछ लोग इसे सन् 749 में हैं। इस अखाड़े के साथ अटल अखाड़ा लगा हुआ है। महानिर्वाणी अखाड़े के बारे में लिखा है—'यह अखाड़ा दारागंज (प्रयाग) में है। इसका केंद्र हरिद्वार के निकट कनखल में है। इसकी शाखा खंडवा में भी है। इन सबका सदर बड़ौदा में है। इस अखाड़े की आमदनी 50 हजार रुपए साल के लगभग है। ये लोग नागा शैव हैं, जटा रखते हैं। एक तथ्य जो विशेष ध्यान देने का है कि निर्वाणी और निरंजनी अखाड़ों में परस्पर गुरु-शिष्य तथा सतीर्थ भ्राता संबंध नहीं होता।

आवाहन अखाड़ा : आवाहन अखाड़ा जूना अखाड़े में सम्मिलित है। कहा जाता है कि इस अखाड़े की स्थापना सन् 547 में हुई थी, किंतु जदुनाथ सरकार इस वर्ष को नहीं मानते, वे सन् 1547 स्वीकार करते हैं। इस अखाड़े का केंद्र दशाश्वमेध घाट पर काशी में है। इस अखाड़े के संन्यासी गणेश एवं दत्तात्रेय को अपना इष्टदेव मानते हैं, क्योंकि वे आवाहन से ही प्रकट हुए थे। हरिद्वार में इसकी शाखा है।

जूना अखाड़ा : जूना या प्राचीन अखाड़ा पहले भैरव अखाड़े के रूप में जाना जाता था और उस समय इष्टदेव भैरव ही थे, जो कि शिव का ही एक रूप हैं। वर्तमान में इस अखाड़े के इष्टदेव दत्तात्रेय हैं, जो कि रुद्रावतार हैं। इस अखाड़े की संपत्ति एवं प्रभाव के कारण इसका तीसरा स्थान है। इस अखाड़े के अंतर्गत आवाहन, अलखिया और ब्रह्मचारी भी हैं। इसकी एक विशेषता यह भी है कि इस अखाड़े में अवधूतनियाँ भी सम्मिलित हैं और उनका भी संगठन है।

अटल अखाड़ा : अटल अखाड़े के इष्ट गणेशजी (गणपति) हैं। इनके शस्त्र भाले को 'सूर्य प्रकाश' के नाम से जाना जाता है। इस अखाड़े के बारे में विश्वास किया जाता है कि इसकी स्थापना गोंडवाना में सन् 647 में हुई थी। इसका केंद्र भी काशी में है। इस अखाड़े के पीठाधिपति विद्यानंदजी और भगवानंदजी रह चुके हैं। अटल अखाड़े का संबंध निर्वाणी अखाड़े के साथ है

तो भी यह अपनी सत्ता को निर्वाणी अखाड़े में खो नहीं चुका है। काशी के अतिरिक्त बड़ौदा, हरिद्वार, त्र्यंबक, उज्जैन आदि में इसकी शाखाएँ हैं।

आनंद अखाड़ा : आनंद अखाड़ा विक्रम संवत् 856 में बरार में बना था, जबकि सरकार के अनुसार यह तिथि विक्रम संवत् 912 है। इस अखाड़े के इष्टदेव सूर्य हैं। राहुल सांकृत्यायन का कथन है कि 'इस अखाड़े का बहुत कुछ लुप्त सा हो गया है, तो भी काशी में इसके कुछ साधु रहते चले आ रहे हैं।'

अग्नि अखाड़ा : अग्नि अखाड़े के बारे में कहा जाता है कि इसकी स्थापना सन् 1957 में हुई थी। इसका केंद्र गिरनार की पहाड़ी पर है। इस अखाड़े के साधु नर्मदा-खंडी, उत्तरा-खंडी और नैस्टिक में विभाजित हैं।

श्री पंच अग्नि अखाड़ा : श्री पंच अग्नि अखाड़ा काशी में विक्रम संवत् 1192 आषाढ़ शुक्ल एकादशी को स्थापित किया गया था। इस अखाड़े का मुख्य केंद्र राजघाट, काशी, नया महादेव मोहल्ले में स्थित है। इस अखाड़े की इष्टदेवी गायत्री माता एवं अग्नि हैं। इस अखाड़े में चारों मठों के आनंद चैतन्य स्वरूप प्रकाशक, कर्मकांडी, नैस्टिक ब्रह्मचारी होते हैं। 'अग्नि अखाड़े' में अब संन्यासी नागे नहीं हैं, यह नागाओं का नहीं बल्कि चारों पीठों के ब्रह्मचारियों का संगठन मात्र रह गया है।

उपर्युक्त अखाड़ों के इष्ट 'देवताओं' को देखने से मालूम होता है कि अखाड़े सौम्य भावों के नहीं, सैनिक भाव को जाग्रत् करनेवाले देवताओं को ही पसंद करते हैं। उपर्युक्त वर्णित विशेष अखाड़ों के अतिरिक्त निर्मल अखाड़ा, उदासीन अखाड़ा, बड़ा पंचायती अखाड़ा और पंचायती अखाड़ा हैं, जिनका वर्णन क्रमशः प्रस्तुत है—

निर्मल अखाड़ा : इसकी स्थापना सिख गुरु गोविंदसिह के अन्यतम सहयोगी वीरसिंह द्वारा की गई थी। हनुमंतबाग में इसके अनुयायी ठहरते हैं। आचरण की पवित्रता तथा आत्मशुद्धि इनका मूलमंत्र है। ये सफेद कपड़े पहनते हैं। ये भस्म से शरीर को आच्छादित नहीं करते। इनके झंडे का रंग पीला या बसंती होता है, जिसमें चक्र और अखाड़े के चित्र होते हैं। इसके

अनुयायी कभी-कभी चंदन का तिलक लगाते हैं और ऊन या रुद्राक्ष की माला हाथ में रखते हैं। इस अखाड़े के अनुयायियों का मुख्य ध्येय गुरु नानकदेव के मूल सिद्धांतों के अनुसार चलना है।

उदासीन अखाड़ा : उदासीन शब्द उद और आसीन से बना है। उद शब्द का अर्थ है—ब्रह्म व आसीन का अर्थ है उपविष्ट। इस संप्रदाय का पुनर्गठन श्रीचंद्र महाराज ने किया था। गुरु और शिष्य प्रथा का पारंभ इसी समय हुआ। कहा जाता है कि 150 वर्ष की आयु पूर्ण कर वे चंबा की पर्वत गुफाओं में जाकर निरोहित हो गए। इस अखाड़े में तीन वर्ग होते हैं, जिन्हें क्रम से मुनि, ऋषि तथा सेवक कहते हैं। उदासीन सेवक गृहस्थ होता है। उदासीन ऋषि बड़ी-बड़ी जटा रखते हैं। गुलाबी, गेरुआ, श्वेत या श्याम रंग के वस्त्र पहनते हैं। इनके निशान मखमल के होते हैं और उन पर जरी का काम होता है। इन लोगों के नाम के अंत में दास, प्रकाश, आनंद, स्वरूप आदि शब्द होते हैं। इस संप्रदाय के दो उपभेद हैं—बड़े उदासीन और छोटे उदासीन। इनके प्रमुख ग्रंथ चंद्रप्रकाश, उदासीन धर्म रत्नाकर तथा उदासीन मंजरी हैं। उदासी अखाड़े के तीन उप संप्रदाय हैं। इस उदासीन संप्रदाय के दो तरह के विधान हैं—

1. स्वतंत्र मठ : इसमें गुरु परंपरा के क्रम से महंत का चुनाव होता है।

2. अखाड़ा : इसमें मत से महंत निर्वाचित होता है। इसके चार प्रधान महंत और प्राय: एक सौ साधुओं की जमात समस्त भारत में भ्रमण कर अपने मठों का निरीक्षण, महंतों का निर्वाचन तथा अपने संप्रदाय मत का प्रचार और कुंभ पर्व में सदाव्रत खोलने आदि का कार्य करती है।

बड़ा पंचायती अखाड़ा : इसका स्थान कीटगंज में है। यह उदासी का नानाशाही अखाड़ा है। इसकी शाखाएँ पंजाब, राजपूताना तथा हैदराबाद में हैं। यह बड़ा धनाढ्य अखाड़ा है। इस अखाड़े में चार पंगतों के चार महंत इस क्रम से होते हैं—1. अलमस्तजी की पंक्ति का, 2. गोविंद साहब की पंक्ति का, 3. बालूहसनाजी की पंक्ति का, 4. भगत भगवानजी की परंपरा का।

छोटा पंचायती अखाड़ा : यह अखाड़ा भी उदासी अखाड़े से संबंधित

है और इसका केंद्र मुट्ठीगंज में स्थित है।

उदासीन पंचायती नया अखाड़ा : वर्ष 1902 में उदासीन साधुओं में परस्पर मतभेद हो जाने के कारण प्रयाग के बाँध के महात्मा सूरदासजी की प्रेरणा से एक अलग संगठन किया गया, जिसका नाम 'उदासीन पंचायती नया अखाड़ा' रखा गया। इस अखाड़े का मुख्य केंद्र तो प्रयाग में है, किंतु इसके साथ हरिद्वार, गया, काशी और कुरुक्षेत्र में भी है। यद्यपि इनके नियम आदि समान हैं, किंतु नए अखाड़े में केवल संगत साहब की परंपरा के ही साधु सम्मिलित हैं। यह उदासीन पंचायती नया अखाड़ा 6 जून, 1913 को पंजीकृत किया गया। व्यवस्थित रूप से उदासीन संप्रदाय की प्रतिष्ठा का श्रेय श्रीचंद्राचार्य को ही है, जिन्होंने चार घूरों और छह बख्शीश (वरदान) की वरिष्ठ परंपरा आरंभ की।

निर्मला अखाड़ा : इस अखाड़े का स्थान कीटगंज में 'पीली कोठी' के नाम से प्रसिद्ध है। ये लोग भी उदासी हैं।

(संदर्भ : अवंती क्षेत्र और सिंहस्थ महापर्व पुस्तक)

अणि अखाड़ों की बैठकें

निर्मोही अणि अखाड़ा

1. निर्मोही अणि (रामानंदी)—वृंदावन, अयोध्या, चित्रकूट, नासिक, उज्जैन, गोवर्धन।
2. रामानंद महानिर्वाणी—वृंदावन, अयोध्या, चित्रकूट, पुरी।
3. रामानंद संतोषी—अयोध्या, चित्रकूट।
4. मालाधारी निर्मोही—वृंदावन।
5. हरिव्यासी महानिर्वाणी—वृंदावन।
6. हरिव्यासी संतोषी—पुरी।
7. विष्णुस्वामी निर्मोही—वृंदावन, पुरी।
8. झाड़िया निर्मोही—वृंदावन।
9. राधावल्लभ निर्मोही—नीम का थाना (जयपुर)।

दिगंबर अणि अखाड़ा

1. रामजी दिगंबर अणि—वृंदावन, अयोध्या, चित्रकूट, नासिक, उज्जैन, पुरी।
2. श्यामजी दिगंबर अणि—वृंदावन, पुरी।

निर्वाणी अणि

1. रामानंद निर्वाणी—वृंदावन, अयोध्या, चित्रकूट, उज्जैन, पुरी।
2. रामानंद खाकी—पुरी, अयोध्या, चित्रकूट, नासिक, उज्जैन।
3. निरावलंबी—वृंदावन, अयोध्या, पुरी।
4. हरिव्यासी निर्वाणी—वृंदावन।
5. बलभद्री—वृंदावन, पुरी।
6. टाटंबरी—वृंदावन, पुरी।
7. हरिव्यासी खाकी—बैठक अज्ञात।

सिंहस्थ के प्रतिभागी अखाड़े

क्र.	अखाड़े का नाम	पता
1.	पंचायती अखाड़ा	श्री निरंजनी हनुमंतबाग, बड़नगर रोड, उज्जैन
2.	श्री पंचायती आनंद अखाड़ा	बड़नगर रोड, उज्जैन
3.	श्री गुरुदत्त अखाड़ा (श्री पंचदशनाम जूना अखाड़ा)	शिप्रा तट, उज्जैन
4.	श्री पंच दशनामी आहवान अखाड़ा	सदावल रोड, उज्जैन
5.	श्री पंचायती महानिर्वाणी अखाड़ा	श्री महाकालेश्वर मंदिर, उज्जैन
6.	श्री शंभू पंच अग्नि अखाड़ा	राजराजेश्वर हनुमान मंदिर संख्याराजे धर्मशाला के पास, देवासगेट, उज्जैन

7.	श्री शंभू पंचायती अटल अखाड़ा (श्री पंच अटल अखाड़ा)	दसनाम नागा संन्यासी नृसिंह घाट से लालपुर मार्ग, उज्जैन, प्रधान कार्यालय चाक हनुमान कतुलापुरा, काशी-वाराणसी
8.	श्री पंचायती बड़ा उदासीन अखाड़ा	रामघाट, उज्जैन
9.	श्री पंचायती अखाड़ा नया उदासीन	गोलामंडी उज्जैन, बड़नगर रोड, उज्जैन
10.	श्री पंचायती निर्मल अखाड़ा	बड़नगर रोड, उज्जैन
11.	अखिल भारतीय श्री पंच रामानंदीय निर्वाणी अखाड़ा	मंगलनाथ, उज्जैन
12.	अखिल भारतीय श्री पंच रामानंदीय अखाड़ा (श्री पंच दिगंबर अणि अखाड़ा)	अंकपात, मंगलनाथ मार्ग, उज्जैन
13.	मोक्ष धाम निर्मोही अखाड़ा (श्री पंच रामानंदीय निर्मोही अनि अखाड़ा)	श्रीराम मंदिर खाक चौक, उज्जैन

□

नागाओं ने देश ही नहीं, हिंदू धर्म को भी बचाया है

सनातन धर्म, जिसे हिंदू भी कहा जाता है, उसकी धार्मिक और आध्यात्मिक परंपरा में प्रमुख रूप से 13 अखाड़ों को मान्यता के रूप में माना जाता है। ये अखाड़े देश भर में आयोजित होनेवाले कुंभ और सिंहस्थ महापर्व में संगठित रूप में आते हैं। ये 13 अखाड़े भी मूल रूप से दो रूपों में बँटे हुए हैं, इन्हें शैव अखाड़े और वैष्णव अखाड़े के रूप में माना जाता है। शैव अखाड़ों के आदि दाता या इसके जन्मदाता आद्य शंकराचार्य को माना गया है, जबकि वैष्णव अखाड़ों के जन्मदाता रामानंद को कहा गया है। यहाँ शैव मत के 7 अखाड़े और वैष्णव मत के 6 अखाड़े प्रचलित हैं और सिंहस्थ या कुंभ में यही अखाड़े पेशवाई या स्नान के समय संगठित और एक निश्चित क्रम में होते हैं, जिसमें शैव मत सबसे पहले क्रम में आता है। यही शैव मत नागा साधुओं की परंपरा के रूप में माने जाते हैं और इनके संगठित रूप में दशनामी नागा, जिन्हें गिरी, पुरी, भारती, तीर्थ, आश्रम, सरस्वती और दंडी कहा जाता है, जबकि रामानंद संप्रदाय के साधुओं को बैरागी नाम दिया गया है। वही नागा साधुओं की दो श्रेणियाँ हैं—शास्त्रधारी और शस्त्रधारी। यहाँ नागा साधुओं से संबंधित समस्त अध्ययन किया जाना इसलिए महत्त्वपूर्ण है, क्योंकि यह हिंदू धर्म की उस प्रचलित परंपराओं को आगे रखे हुए है, जब इस धर्म को समाप्त किए जाने के अनेक प्रयास हुए और किए गए।

आदि शंकराचार्य ने मठाधीशों की व्यवस्था के संबंध में 'मठाम्नाय' नामक ग्रंथ की रचना में इसे स्पष्ट किया है कि अद्वैत मत के अनुसार यह सात 'आम्नाय' प्रचलित है। आम्नाय का अपभ्रंश रूप अखाड़ा है। किंतु डॉ. भगवती प्रसाद सिंह की मान्यता है कि अखाड़ा 'अखंड' शब्द का बिगड़ा हुआ रूप है। इन अखाड़ों का निर्माण राष्ट्र एवं हिंदू संस्कृति कि लिए देश और काल के अनुसार हुआ था, जिसका उद्‌देश्य आज भी कायम है।

इन नागा संन्यासी अखाड़ों का निर्माण शास्त्र और शस्त्र, धर्म और सेना एवं ब्राह्मण और क्षत्रिय दोनों के समन्वित रूप से हुआ था। इसमें मुख्य बात यह है कि आदि शंकराचार्य ने वैदिक एवं वेदांत के प्रचार-प्रसार के लिए इन समस्त संन्यासियों को संगठित किया था।

सनातन धर्म के अखाड़ों के स्वरूप का प्रारंभ आठवीं शताब्दी के मध्य आदि गुरु शंकराचार्य द्वारा किया जाना माना गया है। इन अखाड़ों का उद्‌भव इसलिए किया गया, क्योंकि भारत के धर्म और वैभव पर विभिन्न धर्म के विदेशियों द्वारा आक्रमण किए जा रहे थे और यहाँ की धन-संपदा को लूटा गया तथा देश के वैभव को क्षत-विक्षत या नष्ट किया गया। इससे देश को धर्म से लेकर ईश्वर तक की चुनौतियों का सामना करना पड़ रहा था। तब शंकराचार्य ने सर्वप्रथम सनातन धर्म को कायम रखने के लिए देश के चार भागों में चार पीठों का निर्माण किया। जिन्हें गोवर्धन पीठ, शारदापीठ, द्वारका पीठ और ज्योर्तिमय पीठ नाम दिया और देश की जनता के साथ ही मठों और मंदिरों की संपत्ति को लूटने से बचाने तथा जनता की रक्षा करने के लिए सनातन धर्म की विभिन्न संप्रदायों की सशस्त्र शाखाओं के रूप में अखाड़ों की स्थापना की।

ऐसा कहा जाता है कि भारत देश के स्वतंत्र होने के बाद इन अखाड़ों ने अपनी सैनिक प्रवृत्ति से स्वयं को दूर कर लिया। आज भी अखाड़ों में इनकी परंपरा कायम है। ये अखाड़े वर्तमान में सनातन धर्म की परंपराओं और संस्कृति के संवाहक बने हुए हैं।

13 अखाड़ों में से सात शैव मत के अखाड़े-जूना, महानिर्वाणी, निरंजनी,

अटल, अग्नि, आनंद और आह्वान अखाड़ा नागा साधु बनाते हैं।

इन नागा साधुओं को दीक्षा देने के अपने-अपने कानून और नियम हैं, जो इन सभी अखाड़ों में एक ही स्वरूप व आधार पर पालन किए जाते हैं।

नागा साधु बनाए जाने के लिए एक कठोर नियमावाली का पालन करवाया जाता है, जिसमें सबसे पहले उसे ब्रह्मचर्य का पालन करना होता है। इसमें अखाड़ा सबसे पहले उसके स्वयं पर नियंत्रण की स्थिति को परखता है और उसे शारीरिक ब्रह्मचर्य के अलावा मानसिक नियंत्रण को भी सिद्ध करना होता है। क्योंकि दीक्षा लेने वाला पूर्ण रूप से वासनाओं और इच्छाओं से मुक्त हुआ रहना चाहिए।

नागा साधु बनने के लिए उसकी अवस्था 17 और 18 से कम नहीं होनी चाहिए और इनमें ब्राह्मण, क्षत्रिय तथा वैश्य वर्ण के ब्रह्मचारी ही नागा साधु बनने के लिए पहुँचते हैं और इनसे ब्रह्मचर्य व्रत के साथ ही धर्म, राष्ट्र और मानव समाज की सेवा की रक्षा के लिए कार्य करवाए जाते हैं। इसके बाद दीक्षा के दौरान उसे यह स्पष्ट कर दिया जाता है कि दीक्षित होते समय वह स्वयं का श्राद्ध और पिंडदान करेगा। इसमें वह स्वयं को अपने परिवार और समाज के लिए मृत घोषित कर देता है। इसके पश्चात् ही उसे नए जीवन का नया नाम और नई पहचान मिलती है। इसके साथ ही वह वस्त्रहीन कर दिया जाता है और अगर वस्त्र धारण करना हो तो सिर्फ गेरुए वस्त्र ही पहन सकता है और शरीर पर भस्म का श्रृंगार कर सकता है। इसके अलावा वह रुद्राक्ष धारण करेगा और शिखा का पूर्ण रूप से परित्याग करेगा। क्योंकि नागा नाधु को समस्त केश (बालों) का परित्याग करना होता है और यदि वह केशों को रखना भी चाहता है तो उसे संपूर्ण जटा को धारण करना होगा। नागा साधु का यह भी नियम पालन में होता है कि उसे संपूर्ण दिन-रात में केवल एक ही समय भोजन करना होता है और यह भोजन भी उसे भिक्षा माँगकर लिया गया होता है और इसमें भी नियम यह है कि एक नागा साधु को अधिक-से-अधिक सात घरों से भिक्षा लेने का अधिकार है। अगर सातों घरों में कोई भिक्षा नहीं मिले तो उसे भूखा रहना होता है तथा जो भी भिक्षा में मिलता है,

उसमें पसंद और नापसंद का त्याग करना होता है। इन नागा साधुओं को केवल जमीन पर ही सोना होता है, इसमें यह कोई भी सुविधा नहीं ले सकते। इन्हें जीवन भर केवल गुरुमंत्र में ही आस्था रखनी होती है और अपनी संपूर्ण तपस्या इसी गुरु मंत्र के साथ पूरी करनी होती है। इन नागा साधुओं को यह भी पालन करना होता है कि हमेशा यह शहर के बाहर निवास करेंगे, किसी को प्रणाम नहीं करेंगे, किसी की निंदा नहीं करेंगे और केवल संन्यासी को ही ये प्रणाम कर सकते हैं।

नागा साधु बनने के लिए कठोर परीक्षा के दौर से गुजरना होता है और इन्हें एक सेना की तरह तैयार किया जाता है और इस परीक्षा को पूर्ण करने में एक नागा को सालों भी लग जाते हैं। क्योंकि नागा साधु बनने के लिए आवेदन करने के साथ ही उसकी पूरी छानबीन की जाती है और उसके संपूर्ण पारिवारिक पृष्ठभूमि का पता लगाने के बाद अखाड़े में प्रवेश देने के बाद ब्रह्मचर्य पालन करवाया जाता है। इसमें उसे छह महीने से बारह साल तक का समय लग जाता है। यहाँ से वह दीक्षा प्राप्त करने के बाद उसे महापुरुष बनाया जाता है और उसके पाँच गुरु या पंचदेव या पंचपरमेश्वर (शिव, विष्णु, शक्ति, सूर्य और गणेश) होते हैं। यही उसे भस्म, भगवा, रुद्राक्ष के साथ भूषित किया जाता है। इसके बाद अवधूत बनाए जाने की प्रक्रिया प्रारंभ होती है, जहाँ उसे अपने बाल कटवाने होते हैं और पिंडदान करवाया जाता है। इसके साथ ही उसका लिंग भंग करने की प्रक्रिया होती है, जिसमें 24 घंटे नागा रूप में अखाड़े के ध्वज के नीचे भूखा रखकर परीक्षा ली जाती है और हाथों में मिट्टी का बरतन तथा दंड दे दिया जाता है। इन 24 घंटे के बाद अखाड़े के प्रमुख साधु द्वारा लिंग को वैदिक मंत्रों के साथ झटका देकर निष्क्रिय कर दिया जाता है। इसके बाद उसे नागा साधु मान लिया जाता है।

नागा साधुओं को कई पदों पर विराजित भी किया जाता है। ये महंत भी बनते हैं और श्रीमहंत भी होते हैं, जमातिया महंत, थानापति महंत, पीरमहंत, दिगंबर श्रीमहामंडलेश्वर तथा आचार्य महामंडलेश्वर के पदों पर सुशोभित किया जाता है। इन नागा साधुओं को फूलों की मालाएँ धारण करनी होती हैं,

लेकिन यह अनिवार्यता भी नहीं है। किंतु प्रतीक के रूप में पहचान और शक्ति के लिए इन्हें तिलक लगाना होता है और रुद्राक्ष धारण करना होता है तथा शस्त्रों के साथ अपनी पहचान स्थापित करनी होती है। इन्हीं नागा साधुओं को चिमटा रखना अनिवार्य होता है। ये धूनी भी रमाते हैं। ये नागा रत्नों से भी अपने शरीर पर श्रृंगार करते हैं, लेकिन अगर नागा ने जटा रखी है तो उसे दाढी भी रखना होती है। इसमें महत्त्वपूर्ण बात यह है कि भगवान् शंकर की तरह नागा साधु भी चमड़े की खाल धारण कर सकते हैं।

नागा साधुओं की सैन्य-शक्ति के बारे में इतिहास में यह उल्लेखित है कि 18-19वीं सदी में नागा संतों और वैराग्यों ने शस्त्र उठाए थे और छोटे राज्यों में विभाजित भारत मुगलों की केंद्रीय शक्ति के क्षीण होने पर नागाओं की जो सैन्यशक्ति बढ़ गई थी, उसके द्वारा इन्होंने धर्म और जनता दोनों की ही रक्षा की थी।

–सुशील शर्मा

□

ऐतिहासिक है इस बार का 'सिंहस्थ'

सिंहस्थ-2016 के लिए उज्जैन कस्बा एवं आसपास के ग्रामों के पटवारी हलकों की कुल 3061 हेक्टेयर जमीन पड़ाव क्षेत्र के लिए और 352 हेक्टेयर सेटैलाइट टाऊन के लिए अधिसूचित की गई है। इसके पूर्व 2004 में हुए सिंहस्थ के लिए 2154.42 हेक्टेयर जमीन अधिसूचित हुई थी। इस हिसाब से पिछले सिंहस्थ से इस बार 1259 हेक्टेयर अधिक क्षेत्र में मेला आयोजित होगा।

सिंहस्थ 2016 विभागवार आवंटित राशि का विवरण

(राशि करोड़ रुपए में)

क्र.	विभाग का नाम	स्वीकृत कार्यों की संख्या	स्वीकृत राशि
1.	जल संसाधन विभाग (ओंकारेश्वर के कार्यों सहित)	38	169.72
2.	नर्मदा घाटी विकास प्राधिकरण	2	50.06
3.	लोक निर्माण विभाग (भवन/पथ) एवं धर्मस्व विभाग के कार्य	104	407.41
4.	लोक निर्माण विभाग (ई एंड एम) (23)	23	25.00
5.	लोक निर्माण विभाग (सेतू)	14	186.65
6.	म.प्र. सड़क विकास निगम	2	9.82

7. लोक स्वास्थ्य यांत्रिकी (ग्रामीण)	20	163.00
8. नगर निगम उज्जैन	58	446.05
(अ) सिंहस्थ 2016 संबंधी कार्य		
(ब) लो.स्वा.यां. नगर निगम		
9. गृह विभाग (पुलिस)	29	297.06
10. गृह विभाग (होमगार्ड)	6	110.56
11. ऊर्जा विभाग म.प्र.प.क्षे.वि.वि. कंपनी	47	110.36
12. स्वास्थ्य विभाग	2	31.08
(योजना राशि 93.11 करोड़)		
13. आयुष विभाग	1	2.30
14. म.प्र. राज्य पर्यटन विकास निगम	9	34.67
15. उज्जैन विकास प्राधिकरण	6	33.10
16. मेला कार्यालय	8	43.08
17. इंदौर विकास प्राधिकरण	2	54.71
18. नगर निगम इंदौर	3	109.00
19. इंदौर संभाग के अन्य कार्य	17	61.04
20. नगरीय विकास एवं पर्यावरण विभाग	8	49.84
21. एप्को (संगोष्ठी आयोजन हेतु)	1	5.00
22. म.प्र. प्रदूषण नियंत्रण बोर्ड	1	1.00
23. कलेक्टर उज्जैन	2	30.00
(भू-अर्जन एवं प्रशिक्षण आदि कार्य हेतु)		
24. जनसंपर्क विभाग	13	50.61
25. जिला पंचायत	13	5.48
26. संस्कृति विभाग	9	48.25
27. पुरातत्त्व विभाग	1	2.00
28. स्कूल शिक्षा विभाग	1	4.14
29. पशुपालन विभाग	5	5.07

30.	वन विभाग (कुल 13 कार्य)	2	4.00
31.	रेलवे विभाग	13	26.95
	योग	**460**	**2485.44**

अन्य कार्य सिंहस्थ मद

32.	नर्मदा घाटी विकास प्राधिकरण (नर्मदा-शिप्रा लिंक)	1	432.00
33.	शिप्रा नदी पर इंदौर जिले में विभिन्न 13 घाटों के स्वीकृत प्रस्ताव	13	3.36
34.	म.प्र. सड़क विकास निगम (बी.ओ.टी.)	2	165.85
35	वन विभाग	11	5.39
	महायोग	**487**	**3092.03**

सिंहस्थ 2016 का बजट 3092 करोड़

सिंहस्थ-2016 के लिए राज्य सरकार ने मुख्यमंत्री श्री शिवराज सिंह चौहान के निर्देश पर खजाने के द्वार खोल दिए हैं। इस बार सिंहस्थ के निर्माण कार्यों हेतु राज्य शासन ने 3092 करोड़ रुपए स्वीकृत किए हैं, जबकि गत सिंहस्थ-2004 में 262 करोड़ रुपए का व्यय सिंहस्थ पर किया गया था और गिने-चुने स्थायी प्रकृति के काम हुए थे। वहीं इस बार अनेक काम ऐसे हो रहे हैं, जो नगर की दिशा और दशा बदल देंगे। कस्बानुमा उज्जैन शहर अब महानगर की तर्ज पर विकसित हो गया है, जो लोग लंबे समय बाद उज्जैन को देखेंगे, वे इसके परिवर्तित रूप से आश्चर्य-चकित होंगे।

362 करोड़ की सड़कें; मेट्रो सिटी का अहसास

इस बार सिंहस्थ में केवल सड़कों पर निर्माण के लिए 362 करोड़ का व्यय किया जा रहा है। लगभग सौ नई सड़कें तैयार हो गई हैं। गत सिंहस्थ में लोक निर्माण विभाग का कुल बजट मात्र 51 करोड़ रुपए था। इस बार

प्रमुख रूप से इंजीनियरिंग कॉलेज रोड, एमआर-10, एमआर-5 खाक चौक से मंगलनाथ, भरतपुरी से नानाखेड़ा मार्ग को फोरलेन में तब्दील किया जा चुका है। इस पर सेंट्रल लाइटिंग भी लग गई है। इन सड़कों की कनेक्टिविटी इनर रिंग रोड से दी गई है।

लालपुल से दत्त अखाड़ा तक घाट

सिंहस्थ-2016 के लिए शिप्रा नदी का किनारा श्रद्धालुओं के स्नान हेतु सज-सँवर रहा है। शिप्रा के बाएँ किनारों पर जहाँ एक ओर लाल पुल से लेकर भूखी माता और भूखी माता से लेकर दत्त अखाड़ा तक विशाल घाटों का निर्माण कार्य हो गया है, वहीं दाएँ तट पर भी लाल पुल से लेकर नरसिंह घाट तक की खाली पड़ी जगहों पर भी घाटों का निर्माण किया गया है। अब लाल पुल पर खड़े होकर भूखी माता तक और भूखी माता से दत्त अखाड़ा तक के घाटों का विहंगम दृश्य शिप्रा तट की सुंदरता में चार चाँद लगा रहा है। सिंहस्थ-2016 में हरिद्वार की हर की पोढ़ी जैसे सुंदर हमारे शिप्रा तट के घाट भी होंगे। इस बार पाँच किलोमीटर लंबाई में नए घाट बनाए जा रहे हैं। जल संसाधन विभाग इन पर 159 करोड़ रुपए का व्यय करने जा रहा है। सिंहस्थ-2016 में श्रद्धालुओं के स्नान हेतु शिप्रा तट के दोनों किनारों पर लगभग 8 किलोमीटर लंबाई में घाट उपलब्ध रहेंगे। इस बार 3059 मीटर नए घाटों का निर्माण किया गया है, जबकि पूर्व से उपलब्ध 4588 मीटर लंबे घाटों की विशेष रूप से मरम्मत करते हुए उनका रख-रखाव किया गया है। इस बार कुल 37 घाट सिंहस्थ के लिए तैयार किए गए हैं। पाँच स्टॉपडेमों की मरम्मत की गई है, जबकि विगत सिंहस्थ में जल संसाधन विभाग द्वारा कुल सात करोड़ रुपए खर्च कर 1500 मीटर लंबे घाट बनवाए गए थे।

शिप्रा में नहीं मिलेगा खान का पानी

सिंहस्थ-2016 के दौरान शिप्रा नदी में शुद्ध जल से स्नान हो सके, इसके लिए राज्य शासन द्वारा खान नदी डायवर्जन योजना पर काम किया जा

रहा है। 19 किलो मीटर लंबाई में ग्राम पिपल्याराघौ से निकालकर खान नदी को पाइप लाइन के जरिए कालियादेह महल के आगे शिप्रा नदी से जोड़ा जाएगा। इस तरह त्रिवेणी के आगे से भूखी माता, रामघाट और मंगलनाथ क्षेत्र के सभी घाटों पर शिप्रा नदी का शुद्ध जल प्रवाहित होगा। संपूर्ण योजना के लिए राज्य शासन द्वारा 90 करोड़ रुपए की राशि स्वीकृत की गई है।

प्रमुख मंदिरों का सौंदर्यीकरण

सिंहस्थ-2016 में आनेवाले श्रद्धालुओं की सुविधा हेतु उज्जैन में प्रमुख मंदिरों का जीर्णोद्धार व कायाकल्प देवस्थान मद से किया जा रहा है। प्रमुख रूप से मंगलनाथ मंदिर परिसर, सांदीपनि आश्रम में गोमती कुंड का जीर्णोद्धार व परिसर का सौंदर्यीकरण, चिंतामन गणेश मंदिर परिसर का सौंदर्यीकरण, भर्तृहरि गुफा व काल भैरव मंदिर परिसर को आकर्षक व सुंदर बनाकर वहाँ विजिटर्स फैसिलिटी विकसित कर दी गई हैं।

सिंहस्थ में ट्रैफिक कंट्रोल एवं सुरक्षा व्यवस्था

पुलिस अधीक्षक एम.एस. वर्मा के अनुसार सिंहस्थ के लिए पुलिस द्वारा ट्रैफिक कंट्रोल की डायनामिक व्यवस्था की गई है। प्रस्तावित प्रमुख तीन शाही स्नानों 22 अप्रैल, 9 मई तथा 21 मई, 2016 में पार्किंग की अलग व्यवस्था रहेगी। मेला अवधि में अन्य सामान्य दिनों में अलग व्यवस्था रहेगी।

सेटैलाइट टाउन

सिंहस्थ अवधि में सेटैलाइट टाउन बनाए जा रहे हैं, जहाँ पर वाहन पार्किंग, यात्रियों के लिए पानी, शौचालय व छाया की व्यवस्था की जा रही है। सभी सेटैलाइट टाउनों के लिए कुल 393 हेक्टेयर भूमि आरक्षित की गई है। सेटैलाइट टाउन इंजीनियरिंग कॉलेज, साँवराखेड़ी, सोयाबीन प्लांट देवास रोड, पंवासा मक्सी रोड, उन्हेल रोड, आगर रोड व बड़नगर रोड पर बनाए जाएँगे। शाही स्नानों के दिन इन्हीं स्थानों पर पार्किंग करवाई जाएगी।

आम दिनों में पार्किंग स्थल

शाही स्नान की तिथियों को छोड़कर (मेला अवधि 22 अप्रैल से 21 मई, 2016) आम दिनों में साँवराखेड़ी, लालपुल, भूखीमाता बायपास, जूना सोमवारिया, रणजीत हनुमान, कालभैरव, मंगलनाथ तथा वीर सावरकर चौराहा पर पार्किंग की सुविधा रहेगी।

यात्री बसें यहाँ तक जाएँगी

सिंहस्थ के दौरान उज्जैन शहर में आनेवाली यात्री बसों से आनेवाले श्रद्धालुओं के लिए विभिन्न बस स्टैंड निर्धारित किए गए हैं—

- मक्सी, देवास और इंदौर रोड से आनेवाली बसें नानाखेड़ा बस स्टैंड तक आएँगी।
- बड़नगर रोड की बसें बड़नगर रोड सेटैलाइट टाउन तक आएँगी।
- उन्हेल रोड से आनेवाली बसें उन्हेल रोड सेटैलाइट टाउन तक आएँगी।
- आगर रोड से आनेवाली बसें आगर रोड सेटैलाइट टाउन तक आएँगी।

1000 मैजिक व 400 मिनी बसें

लोक परिवहन के लिए 28 रूट तय किए गए हैं। इन पर एक हजार मैजिक व चार सौ मिनी बसों का संचालन श्रद्धालुओं को लाने-ले जाने के लिए किया जाएगा। नि:शक्त जनों के लिए इ-रिक्शा महाकाल व रामघाट तक चलेंगे।

चाक-चौबंद सुरक्षा व्यवस्था

सिंहस्थ में पुलिस द्वारा चाक-चौबंद सुरक्षा व्यवस्था की जाएगी। सभी प्रवेश-द्वारों पर सशस्त्र नाका चैकिंग लगाई जाएगी। सिंहस्थ क्षेत्र में प्रवेश पर वाहनों व व्यक्तियों की गणना तथा चेकिंग होगी। रेलवे स्टेशनों, हवाई पट्टी पर भी चेकिंग होगी। प्रमुख मंदिरों की सुरक्षा, स्नान घाटों पर प्रवेश मार्गों पर तथा कोर एरिया में सशस्त्र गार्डों द्वारा निगरानी होगी। इसी के साथ

अन्य धार्मिक स्थलों की सुरक्षा, एंटी टेररिस्ट स्क्वाड की तैनाती, घाटों व जुलूस मार्ग की ऊँचे भवनों से बायनाकुलर से निगरानी की जाएगी। इसी के साथ होटल, लॉज, ढाबों व धर्मस्थलों की जाँच की जाएगी।

134 पॉइंट पर लगेंगे 650 सीसीटीवी कैमरे

सिंहस्थ-2016 में सिंहस्थ क्षेत्र एवं नगरीय क्षेत्र को मिलाकर कुल 134 पाइंट पर कुल 650 सीसीटीवी कैमरे लगाए जाएँगे। यह कैमरे रात-दिन क्षेत्र की गतिविधियों पर नजर रखेंगे। घाटों पर नहान के दौरान 11 स्थानों पर विशेष निगरानी हेतु कैमरे लगाए जाएँगे। सीसीटीवी कैमरे जहाँ एक ओर सड़कों से आ रहे ट्रैफिक पर नजर रखेंगे, वहीं सेटैलाइट टाऊनों में कितने वाहन व भीड़ इकट्ठी हो रही है, इसकी पल-पल की जानकारी कंट्रोल रूम को देंगे। मेला क्षेत्र के 11 प्रवेश-द्वारों से सीसीटीवी कैमरों के माध्यम से सिंहस्थ में आनेवाले श्रद्धालुओं की गणना भी की जा सकेगी। पुलिस विभाग को इस बार 26 कार्यों के लिए 314 करोड़ 56 लाख रुपए की राशि स्वीकृत की गई है, जबकि विगत सिंहस्थ में 15 करोड़ 35 लाख रुपए पुलिस विभाग को आवंटित हुए थे।

51 अस्थायी थाने, 25 हजार पुलिसकर्मी

सिंहस्थ-2016 में 51 अस्थायी थाने बनाए जा रहे हैं। मेले में 25 हजार पुलिसकर्मियों की ड्यूटी लगाई जा रही है। इनमें से अधिकांश पुलिसकर्मियों का प्रशिक्षण शुरू हो चुका है। इसी तरह 11 पेंटून ब्रिज शिप्रा नदी पर बनाए जाना हैं। इसके लिए केंद्र सरकार के रक्षा विभाग से समन्वय किया जा रहा है।

कानून व्यवस्था की दृष्टि से प्रत्येक सेक्टर के साथ एक से अधिक अस्थायी थाने स्थापित किए जाएँगे। इस तरह कुल 51 अस्थायी थाने सिंहस्थ में बनाए जाएँगे। अस्थायी थाने मंगलनाथ, अंगारेश्वर, सांदीपनि आश्रम, खाकचौक, आगर रोड सेटैलाइट टाऊन, मकोड़ियाआम, गढ़कालिका, सिद्धवट,

केडी पैलेस, काल भैरव, उन्हेल रोड सेटैलाइट टाऊन, गऊघाट उत्तर, गऊघाट उत्तर द्वितीय, लाल पुल, कर्कराज, रामघाट प्रथम, रामघाट द्वितीय, महाकाल मंदिर, हरसिद्धि, नरसिंह घाट, गोपाल मंदिर, वाल्मीकि धाम, चिंतामन गणेश, बड़नगर रोड सेटैलाइट टाऊन, भूखी माता प्रथम, भूखी माता द्वितीय, मुल्लापुरा, रामबाग, उजड़खेड़ा प्रथम, उजड़खेड़ा द्वितीय, कालिदास उद्यान, रणजीत हनुमान, दत्त अखाड़ा, गुरुनानक घाट, जीरो पॉइंट, लालपुर, विक्रम नगर, भरतपुरी, पंवासा सेटैलाइट टाऊन, चामुंडा माता, क्षीर सागर, शनि मंदिर, राघौपिपल्या, प्रशांतिधाम, दाऊदखेड़ी सेटैलाइट टाऊन, मित्र नगर, इंजीनियरिंग कॉलेज सेटैलाइट टाऊन, हरिफाटक, गऊघाट दक्षिण प्रथम, गऊघाट दक्षिण द्वितीय, गऊघाट यंत्र महल के पास स्थापित होंगे।

विद्युत् विभाग-400 ट्रांसफार्मर 7 हजार पोल

विद्युत् वितरण कंपनी सिंहस्थ क्षेत्र में लगनेवाले अखाड़ों एवं आश्रमों को विद्युत् कनेक्शन देने के साथ ऐसे उपकरण लगाएगी, जिससे क्षमता से अधिक बिजली ड्रॉ करने पर ऑटोमेटिक बिजली कनेक्शन ट्रिप हो जाए। इससे ओव्हर लोडिंग, शॉर्ट सर्किट आदि की समस्या से सुरक्षा मिलेगी। सिंहस्थ मेला क्षेत्र में अस्थायी रूप से 7 हजार से अधिक विद्युत् पोल लगाए जाएँगे एवं मेला क्षेत्र में खुली केबल के स्थान पर एलटी केबल का उपयोग किया जा रहा है। लगभग 400 छोटे ट्रांसफार्मर से विद्युत् वितरण किया जाएगा। इस हेतु विद्युत् वितरण कंपनी को 101 करोड़ रुपए स्वीकृत किए गए हैं, जबकि गत सिंहस्थ में 15 करोड़ 53 लाख रुपए विद्युत् व्यवस्था के लिए दिए गए थे। मेला क्षेत्र में बिजली जाने पर 3 से 5 मिनट का रिस्पॉन्स टाईम नियत किया गया है।

स्वच्छता के लिए 117 करोड़ रुपए

मेला क्षेत्र में 34 हजार शौचालय, 15 हजार स्नानघर, 10 हजार मूत्रालय बनाए जाएँगे। शहरी क्षेत्र से प्रतिदिन 300 मै. टन कचरा तथा मेला क्षेत्र में प्रतिदिन एक हजार से बारह सौ मै.टन कचरा तथा स्नान के दिनों के लिए दो

से ढाई हजार मै.टन कचरा उठाने के लिए व्यापक बंदोबस्त किए जा रहे हैं। इस तरह स्वच्छता के लिए कुल 117 करोड़ रुपए की कार्य योजना तैयार की गई है। कचरा ढोनेवाले बड़े वाहनों में जीपीएस सिस्टम लगाया जाएगा। शहरी क्षेत्र एवं मेला क्षेत्र के लिए जलालखेड़ी में दो एकड़ तथा एमआर-5 पर दो एकड़ क्षेत्र में ट्रांसफर स्टेशन बनाए जाएँगे। मेला क्षेत्र की साफ-सफाई के लिए व्यापक कार्य योजना बनाई गई है। इसके अंतर्गत प्राथमिक कचरा संग्रहण हेतु नौ करोड़ 46 लाख रुपए, कचरे के द्वितीय संग्रहण एवं परिवहन के लिए 24 करोड़ 89 लाख रुपए, ट्रांसफर स्टेशन वाहन के लिए नौ करोड़ 84 लाख रुपए, जीपीएस सिस्टम के लिए 50 लाख रुपए, कचरा एकत्रीकरण एवं परिवहन के लिए 12 करोड़ रुपए, मेला एवं सेटैलाइट टाऊन की सफाई हेतु 10 करोड़ रुपए की कार्य योजना तैयार की गई है।

20 फॉगिंग मशीन, 220 हैंड स्प्रे

शहरी एवं मेला क्षेत्र में सिंहस्थ मेला अवधि के दौरान मच्छरों को भगाने की व्यवस्था के लिए शहरी क्षेत्र के लिए 10 फॉगिंग मशीन एवं मेला क्षेत्र एवं सेटैलाइट क्षेत्र के लिए 10 फॉगिंग मशीन कार्यशील रहेंगी। इसी तरह 220 हैंड स्प्रे मशीन शहरी क्षेत्र में, 230 स्प्रे मशीन सेटैलाइट टाऊन एवं मेला क्षेत्र के लिए तथा 30 मॉस्किटो किलिंग मशीनों का उपयोग किया जाएगा।

मोबाईल एप तैयार, इमरजेंसी बटन भी

सिंहस्थ-2016 के आयोजन में आईटी की महती भूमिका रहेगी। सेटैलाइट टाऊन से लेकर सिंहस्थ क्षेत्र तक कनेक्टिविटी उपलब्ध रहेगी। साथ ही एक मोबाईल एप भी तैयार किया जा रहा है, जिसमें सिंहस्थ के पर्व स्नानों की जानकारी, अखाड़ों की जानकारी, दर्शनीय स्थलों की जानकारी, उनके नक्शे आदि तो रहेंगे ही, महिलाओं की सुरक्षा के लिए एक नया इमरजेंसी बटन भी इसमें डाला जाएगा, जिससे आपात स्थिति में इस बटन को दबाने से उनकी लोकेशन व फोन नंबर सीधे सुरक्षा में लगी एजेंसी को पहुँच जाएगा और

त्वरित रूप से उनको सहायता पहुँचाई जा सकेगी। मोबाईल एप में संपूर्ण मेला क्षेत्र की प्रतिदिन की, प्रति सप्ताह की व पूरे माह की गतिविधियाँ भी दरशाई जाएँगी, जिससे श्रद्धालु अपने मनचाहे स्थान पर जाकर प्रवचनों व अन्य धार्मिक गतिविधियों में शामिल हो सकेंगे। वर्तमान में सिंहस्थ की वेब साइट लॉन्च कर दी गई है। इसमें सिंहस्थ से संबंधित सभी जानकारी है। अखाड़ों की जानकारी, उज्जैन के मंदिरों की जानकारी, उज्जैन में रुकने के लिए होटल लॉज, धर्मशाला आदि के संबंध में भी जानकारी इस वेब साइट पर उपलब्ध है। वेब साइट पर विभिन्न विभागों द्वारा सिंहस्थ के लिए किए जा रहे कार्यों की अद्यतन जानकारी भी आमजन के लिए उपलब्ध कराई गई है। इसमें स्वीकृत हो चुके कार्य, प्रगतिरत कार्य व प्रस्तावित कार्यों की जानकारी उपलब्ध करवाई गई है।

मेला क्षेत्र का 50 लेयर का जीआईएस मेप तैयार

सिंहस्थ मेला क्षेत्र के लिए डिजिटल जीआईएस मेप तैयार किया गया है। यह मेप 50 लेयर में है। जीआईएस मेप से मेला कार्यालय में मेला क्षेत्र की मॉनीटरिंग अधिक सुगम होगी। जीआईएस मेप में एक क्लिक पर यह स्पष्ट हो रहा है कि पार्किंग स्लॉट जोन में किस स्थान पर है, फ्लेग स्टेशनों पर क्या-क्या सुविधाएँ उपलब्ध हैं। इसी तरह ट्रैफिक प्लान, होल्डअप, घाट होल्डअप, एप्रोच रोड, पेशवाई मार्ग, बिजली सप्लाई, ड्रेनेज, हेल्प काउंटर्स, एटीएम, वाटर सप्लाई आदि के बारे में भी जानकारी तुरंत जोनवार, सेक्टरवार स्क्रीन पर आ जाएगी। यही नहीं, सर्विस प्रोवाइडरों एवं कॉन्ट्रेक्टरों, प्रभारी शासकीय अधिकारी-कर्मचारी आदि के मोबाईल नंबर भी नक्शे के साथ-साथ अटैच किए जाएँगे, जिससे जिस सेक्टर में भी किसी भी सेवा की कमी पाई जाती है तो तुरंत उसका निदान किया जा सकेगा।

जीआईएस की सहायता से मेला क्षेत्र की प्लानिंग

जियोग्राफिक इंफॉर्मेशन सिस्टम (जीआईएस) तकनीक के माध्यम से

स्मार्ट सिंहस्थ की व्यवस्था की गई है। इसमें यह प्लानिंग की गई है कि कहाँ से रोड निकलेंगे, कहाँ ड्रेनेज होगा, कहाँ से पीने के पानी की पाईप लाईन गुजरेगी व इलेक्ट्रिक लाईन कहाँ रहेगी। यह सब मल्टीलेयर में मेप पर उपलब्ध है। संपूर्ण मेला क्षेत्र को एक टाऊनशिप के रूप में विकसित किया गया है।

हेल्प सेंटर

संपूर्ण मेला क्षेत्र में आईटी बेस्ड हेल्प सेंटर खोले जाएँगे। इस सेंटर से आमजन जहाँ उसकी जरूरत की सूचनाएँ प्राप्त कर सकेगा, वहीं दूसरी ओर पोर्टल से संबंधित काररवाई भी सर्विस प्रोवाइडर द्वारा की जा सकेगी। इस हेल्प सेंटर से पानी, बिजली, दूध आदि की आपूर्ति के संबंध में शिकायतें भी दर्ज होंगी और उनका निराकरण भी त्वरित किया जाएगा।

अस्थायी राशन कार्ड जारी होंगे

खाद्य, नागरिक आपूर्ति एवं उपभोक्ता संरक्षण विभाग द्वारा सिंहस्थ आयोजन के लिए खाद्य एवं अन्य रसद सामग्री समुचित मात्रा में उपलब्ध कराए जाने की कार्य योजना तैयार कर ली गई है। विभाग सिंहस्थ मेला प्रारंभ होने के पूर्व साधु-संतों को आवंटित भूमि/पड़ाव के सत्यापन के बाद अस्थायी राशन कार्ड बनाने एवं जारी करने की व्यवस्था करेगा। इसके बाद प्रत्येक जोन में विभिन्न विभागों के अधिकारियों के माध्यम से खाद्यान्न, एलपीजी, किराना, दूध, फल, फूल, लकड़ी, कंडे आदि की वितरण व्यवस्था पर सतत निगरानी रखेगा। इस कार्य के लिए संभागायुक्त के निर्देश अनुसार उपभोक्ता सेवाएँ उपलब्ध कराने के लिए आईटी बेस्ड हेल्प सेंटरों की सहायता भी ली जाएगी। मेला अवधि के लिए अस्थायी गैस कनेक्शन भी जारी किए जाएँगे और एजेंसी पर एलपीजी सिलेंडरों का प्रतिदिन आवश्यकता के मान से संग्रहण किया जाएगा। ऑयल कंपनी के वरिष्ठ अधिकारियों के समन्वय से सुरक्षा उपकरण एवं सभी अन्य व्यवस्थाएँ सुनिश्चित की जाएँगी। यही नहीं उचित मूल्य दुकानों पर आवश्यक वस्तुओं की आपूर्ति में निरंतरता

महाकालेश्वर भगवान् की छवि महाशिवरात्रि पर्व पर उनके दूल्हा रूप की है,
जिसका श्रृंगार वर्ष में एक बार ही किया जाता है।

5 अप्रैल, 2016 को उज्जैन भ्रमण पर निकली 'जूना अखाड़ा पेशवाई'

हर हर महादेव शंभो अवंति महाकाल शिप्रे

सिंहस्थ अमृत कलश

शिप्रा आरती, उज्जैन

सिंहस्थ चित्रों में

बनाए रखने के लिए वाहनों के मूवमेंट का विशेष ध्यान रखा जाएगा। दुकानों के बाहर एवं भीतर स्टॉक, भावसूची आदि प्रदर्शित करने के लिए बोर्ड रहेगा। खाद्य विभाग द्वारा कुल 04 जोन के प्रत्येक सेक्टर में 02 से 03 उचित मूल्य की दुकानें स्थापित की जा रही हैं।

पेट्रोल एवं डीजल की व्यवस्था

खाद्य विभाग द्वारा तैयार किए गए आकलन के अनुसार वर्तमान में उज्जैन शहर में प्रतिदिन 56 हजार लीटर पेट्रोल एवं 76 हजार लीटर डीजल की खपत हो रही है। सिंहस्थ के दौरान अतिरिक्त 76 हजार लीटर पेट्रोल और 90 हजार लीटर डीजल की आवश्यकता का आकलन किया गया है। इस तरह प्रतिदिन कुल एक लाख 32 हजार लीटर पेट्रोल और एक लाख 66 हजार लीटर डीजल की आवश्यकता होगी। इसकी आपूर्ति के लिए इंदौर रोड, बड़नगर रोड, मक्सी रोड, उन्हेल-नागदा रोड, आगर रोड और देवास रोड पर स्थित पेट्रोल पंपों पर व्यवस्था की जाएगी।

पर्याप्त दुग्ध एवं दुग्ध पदार्थ

सिंहस्थ में आनेवाले लाखों श्रद्धालुओं के लिए दुग्ध संघ द्वारा दूध, घी, नमकीन मट्ठा, दही, सुगंधित दूध, श्रीखंड, लस्सी, पनीर, सादी छाछ, मावा, पेड़ा आदि दुग्ध उत्पादों का भंडारण कर विक्रय किया जाएगा। उज्जैन दुग्ध संघ पहली बार सिंहस्थ में पनीर, मावा, पेड़ा, मिल्क केक श्रद्धालुओं को उपलब्ध करवाएगा। इस कार्य के लिए आवश्यक अतिरिक्त मशीनरी संघ में स्थापित की गई है। सिंहस्थ के दौरान उज्जैन दुग्ध संघ का आकलन है कि प्रतिदिन सामान्य दिनों में 60 हजार लीटर और शाही स्नान के दिनों में एक लाख लीटर दूध का विक्रय होगा।

आपदा प्रबंधन के व्यापक इंतजाम

सिंहस्थ का आयोजन ग्रीष्म ऋतु में होता है। इस कारण आगजनी की

घटनाओं पर नियंत्रण रखना आवश्यक होता है। इस बार ऐसी घटनाओं को रोकने के व्यापक इंतजाम किए गए हैं। मेला क्षेत्र में बननेवाले पंडालों में पाईप एवं टीन का उपयोग बहुतायत में किया जाएगा। शॉर्टसर्किट रोकने के लिए बिजली के तारों के स्थान पर केबल्स का प्रयोग किया गया है। भोजनशालाओं और यज्ञ-शालाओं पर विशेष निगरानी रखी जाएगी। प्रत्येक सेक्टर में फायरब्रिगेड की तैनानी होगी। फायर ब्रिगेड के अमले को विशेष प्रशिक्षण दिया गया है। इसी के साथ घाटों पर फिसलन रोकने के लिए साफ-सफाई का विशेष ध्यान रखा जाएगा। सिंहस्थ के दौरान तैनात किए जानेवाले अधिकारी एवं कर्मचारियों को भी आपदा प्रबंधन के लिए प्रशिक्षित किया गया है।

प्रत्येक श्रद्धालु का 2 लाख रुपए का दुर्घटना बीमा, स्थायी निवासी भी बीमा कवर में

सिंहस्थ-2016 के लिए मेला कार्यालय द्वारा मेले में आनेवाले प्रत्येक श्रद्धालु का दुर्घटना बीमा कराया गया है। यह बीमा दो लाख रुपए का है। इसी तरह मेला क्षेत्र में सेवा देनेवाले शासकीय कर्मियों का पाँच लाख रुपए का दुर्घटना बीमा कराया गया है। बीमा कंपनी को बीमा के लिए एक करोड़ 76 लाख रुपए का प्रीमियम मेला कार्यालय द्वारा दिया गया है। सिंहस्थ में आनेवाले पाँच करोड़ श्रद्धालुओं के साथ-साथ उज्जैन शहर के स्थायी निवासियों को भी दुर्घटना बीमा के कवरेज में शामिल किया गया है। सिंहस्थ-2016 के दौरान किए जानेवाले दुर्घटना बीमा की समयावधि 8 अप्रैल, 2016 से 6 जून, 2016 तक निश्चित की गई है। इस अवधि में आनेवाले श्रद्धालु एवं स्थानीय निवासियों की दुर्घटना से मृत्यु होने पर दो लाख रुपए की बीमा राशि बीमा कंपनी द्वारा संबंधित बीमित व्यक्ति के परिजनों को दी जाएगी। दुर्घटना होने की स्थिति में सभी आवश्यक कागजी काररवाई मेला कार्यालय द्वारा संपन्न करवाई जाएगी तथा इसके लिए न्यूनतम दस्तावेजों की आवश्यकता सुनिश्चित की गई है, जिसमें मृत्यु प्रमाण-पत्र, एफआईआर की छायाप्रति व

पोस्टमार्टम रिपोर्ट शामिल है। दुर्घटना बीमा संपूर्ण मेला क्षेत्र के साथ-साथ पंचक्रोशी यात्रा के दौरान संपूर्ण यात्रा मार्ग को कवर करेगा। इसमें सिंहस्थ के लिए नोटिफाइड क्षेत्र, उज्जैन नगर निगम क्षेत्र, पड़ाव क्षेत्र, सेटैलाइट टाउन क्षेत्र, पार्किंग क्षेत्र, फ्लेग स्टेशंस, मेला क्षेत्र में आनेवाले एप्रोच रोड शामिल होंगे। मेला क्षेत्र में आनेवाले सभी श्रद्धालु, नोटिफाइड एरिया में रहनेवाले सभी उज्जैन निवासी, शासकीय कर्मचारी व शासकीय संपत्तियाँ शामिल होंगी। इसी तरह बीमा कवर में शासकीय संपत्तियाँ व किराए पर ली गई संपत्तियों का आपदा व आग के कारण नष्ट होने की स्थिति के लिए बीमा किया गया है। मेला कार्यालय द्वारा मेले के दौरान आमजन की ओर से संपत्ति को नुकसान होने की स्थिति में दायर किए जानेवाले दावों के निपटान के लिए 100 करोड़ का बीमा पृथक् से करवाया गया है। इसमें 50 करोड़ रुपए तक किसी एक घटना के लिए व 100 करोड़ रुपए का बीमा पृथक्-पृथक् घटनाओं पर होनेवाले दावों के लिए करवाया गया है।

कैशलेस होगा मेला क्षेत्र, डेबिट कार्ड जारी

सिंहस्थ-2016 को कैशलेस बनाने की तैयारी सभी राष्ट्रीयकृत एवं निजी बैंकों द्वारा की गई है। बैंकों द्वारा सिंहस्थ के दौरान सिंहस्थ डेबिट कार्ड जारी किए गए हैं। साथ ही सौ से ज्यादा एटीएम मेला क्षेत्र में स्थापित किए जाएँगे। राष्ट्रीयकृत एवं निजी बैंक अपनी वेब साइट पर सिंहस्थ से संबंधित प्रचार कर संपूर्ण देश के श्रद्धालुओं को सिंहस्थ में आकर उनके डेबिट कार्ड के उपयोग करने का आमंत्रण देंगे। बैंकों द्वारा अपनी शाखाओं में सिंहस्थ के पोस्टर लगाए जाएँगे। साथ ही जिन निजी बैंकों में एलईडी मॉनीटर लगे हुए हैं, उन पर भी सिंहस्थ एवं डेबिट कार्ड संबंधित जानकारी का प्रचार-प्रसार होगा। इस क्रम में आई.डी.बी.आई. द्वारा सबसे पहले सिंहस्थ डेबिट कार्ड जारी किया गया है। सिंहस्थ कुंभ महापर्व में लगभग पाँच करोड़ श्रद्धालुओं के आने का अनुमान है और इसी अनुपात में लोग बैंकिंग सुविधा का उपयोग करेंगे। साथ ही तेरह अखाड़ों द्वारा किए जानेवाले लेन-देन के लिए बैंकों द्वारा पिक एंड ड्रॉप

फैसिलिटी उपलब्ध कराई जाएगी। सिंहस्थ को कैशलेस बनाने के लिए अधिक-से-अधिक डेबिट कार्डस स्वाइप मशीन, कियोस्क का उपयोग होगा।

ग्रीन सिंहस्थ : लगभग पौने दो लाख पौधों का रोपण

सिंहस्थ 2016 ग्रीन सिंहस्थ के रूप में भी आयोजित हो रहा है। वन विभाग द्वारा वर्ष 2013-14 से लेकर अब तक पौने दो लाख पौधों का रोपण किया गया है। पंचक्रोशी मार्ग, सिंहस्थ क्षेत्र तथा उज्जैन शहर में सड़क के दोनों ओर पौधा रोपण किया गया है। शिप्रा नदी के किनारे पौधारोपण जारी है। शिप्रा के किनारे लालपुल के समीप भूखी माता के सामने 600 मीटर क्षेत्र में औषधीय पौधों का रोपण किया गया है। सुनहरी घाट, वाल्मीकि घाट के पास और त्रिवेणी घाट पर भी पौधा रोपण हुआ है। यहाँ बड़, पीपल, करंज, बाँस इत्यादि प्रजातियों के पौधे लगाए गए हैं। वन विभाग ने वर्ष 2015 में 70 हजार पौधे उज्जैन शहर में लगाए हैं। इनमें फूलदार पौधों के अलावा छायादार पौधे भी शामिल हैं। पंचक्रोशी मार्गों पर वर्ष 2013-14 में 46000 पौधे 44 कि.मी. क्षेत्र में रोपित किए गए तथा वर्ष 2014-15 में 10000 पौधे पंचक्रोशी मार्गों पर लगाए गए। वर्ष 2015-16 में 5 हजार 308 पौधे पंचक्रोशी क्षेत्र में अतिरिक्त रूप से रोपित किए गए हैं।

सिंहस्थ कॉल सेंटर : डायल 1100

सिंहस्थ मेला कार्यालय परिसर में 11 जनवरी, 2016 से कॉल सेंटर शुरू किया गया है। सिंहस्थ का यह पहला कॉल सेंटर है। कोई भी व्यक्ति कार्यालयीन समय में अपने मोबाइल या लैंडलाइन से 1100 डायल करके सिंहस्थ संबंधी जानकारी हासिल कर सकता है। कॉल सेंटर एक समय में 10 व्यक्तियों को सिंहस्थ संबंधी जानकारी दे सकता है। मेला अवधि में यह 25 व्यक्तियों को एक समय में जानकारी देने में सक्षम होगा। कॉल सेंटर से सिंहस्थ मेला क्षेत्र, यातायात व्यवस्था, जोन, सेक्टर, विभागीय कार्य आदि समस्त जानकारी दी जाएगी।

पारदर्शिता के लिए सेल्फ डिस्क्लोजर की व्यवस्था

सिंहस्थ-2016 के विभिन्न निर्माण कार्यों की गुणवत्ता बनाए रखने एवं आम आदमी को इसकी जानकारी देने के लिए सभी निर्माण कार्यों के स्थलों पर सूचना-पटल लगाकर निर्माण कार्यों की स्वीकृति, पूर्ण होने की तिथि, लागत आदि का डिस्प्ले अनिवार्य रूप से किया गया है। साथ ही कार्य करनेवाली एजेंसी का नाम भी वहाँ लिखा गया है। इसी के साथ संभागायुक्त के निर्देश पर सेल्फ डिस्क्लोजर करते हुए सभी विभाग निर्माण कार्यों के होनेवाले भुगतान की जानकारी प्रत्येक भुगतान पर जनसंपर्क विभाग को उपलब्ध कराते हैं, जहाँ से समाचार के माध्यम से उक्त जानकारी समाचार-पत्रों में प्रकाशित होती है। निर्माण कार्यों की गुणवत्ता के लिए थर्डपार्टी इंस्पेक्शन की व्यवस्था भी की गई है। साथ-ही-सभी निर्माण कार्यों का परीक्षण प्रदेश के मुख्य तकनीकी परीक्षक से कराने के आदेश भी जारी किए गए हैं।

वैचारिक कुंभ आयोजित होगा, प्रधानमंत्री श्री नरेंद्र मोदी उपस्थित होंगे

सिंहस्थ मेले के दौरान वैचारिक कुंभ आयोजित किया जाएगा। इसमें प्रधानमंत्री श्री नरेंद्र मोदी शामिल होकर संबोधित करेंगे। वैचारिक कुंभ के लिए स्थान चयन के उद्देश्य से प्रदेश के मुख्य सचिव श्री अंटोनी डिसा ने उज्जैन के निकट निनौरा ग्राम की 87 हेक्टेयर भूमि को प्राथमिक रूप से चयनित कर लिया है। यहाँ पर देश-विदेश के धर्म-मर्मज्ञ एकत्र होंगे।

(जनसंपर्क विभाग (म.प्र.) द्वारा विशेष रूप से प्रदान की गई जानकारी)

□

सनातन परंपरा है सिंहस्थ कुंभ-महापर्व

—सुशील शर्मा

उज्जयिनी—वर्तमान उज्जैन—भारत का अनादि नगर है। शिप्रा के तट पर स्थित युग-युगीन वैभव के प्रकाश में जगमगाती उज्जयिनी अनेक नामों से विख्यात हुई है। उदाहरण के लिए अमरावती, कनकश्रृंगा, कुशस्थली, भोगवती, पद्मावती, प्रतिकल्पा और अवंतिका आदि कुछ ऐसे संबोधन हैं, जो यहाँ की पौराणिक अथवा ऐतिहासिक पृष्ठभूमि में चमकने लगते हैं। सांदीपनि और कृष्ण, उदयन और वासवदत्ता, महावीर और अशोक, विक्रमादित्य और कालिदास, हर्ष और बाणभट्ट, शंकराचार्य और वल्लभाचार्य तथा जद्रूप की मनोरम स्मृतियाँ आज भी जन-भावना में प्रेरणा की स्रोत हैं। इतना ही नहीं, राष्ट्रीय इतिवृत्ति के पूर्ण रूपायन के लिए उज्जैन के इतिहास में अभी भी अनेक पक्ष अछूते हैं।

उज्जैन इतिहास के अनेक परिवर्तनों का साक्षी है। शिप्रा के अंतर में इस पारंपरिक नगर के उत्थान-पतन की निराली और सुस्पष्ट अनुभूतियाँ अंकित हैं। शिप्रा के घाटों पर जहाँ प्राकृतिक सौंदर्य की छटा बिखरी पड़ी है, असंख्य लोग आए और गए; रंगों भरा कार्तिक मेला हो या जन-संकुल सिंहस्थ या दिन के नहान, सब कुछ नगर को तीन ओर से घेरे शिप्रा का आकर्षण है।

उज्जैन का सिंहस्थ

सिंहस्थ उज्जैन का महान् स्नान-पर्व है। बारह वर्षों के अंतराल पर यह पर्व तब मनाया जाता है, जब बृहस्पति सिंह राशि पर स्थित रहता है। पवित्र शिप्रा नदी में पुण्य-स्नान की विधियाँ चैत्र मास की पूर्णिमा से प्रारंभ होती हैं और पूरे मास में वैशाख पूर्णिमा के अंतिम स्नान तक भिन्न-भिन्न तिथियों में संपन्न होती हैं। उज्जैन के महापर्व के लिए पारंपरिक रूप से दस योग महत्त्वपूर्ण माने गए हैं।

पुराणों के अनुसार देवों और दानवों के सहयोग से संपन्न समुद्र-मंथन से अन्य वस्तुओं के अलावा अमृत से भरा हुआ एक कुंभ (घड़ा) भी निकला था। देवगण दानवों को अमृत नहीं देना चाहते थे। देवराज इंद्र के संकेत पर उनका पुत्र जयंत जब अमृत कुंभ को लेकर भागने की चेष्टा कर रहा था, तब कुछ दानवों ने उसका पीछा किया। अमृत-कुंभ के लिए स्वर्ग में बारह दिन तक संघर्ष चलता रहा और उस कुंभ से चार स्थानों पर अमृत की कुछ बूँदें छलक गईं; ये स्थान पृथ्वी पर हरिद्वार, प्रयाग, उज्जैन और नासिक हैं। इन स्थानों की पवित्र नदियों को अमृत की बूँदें प्राप्त करने का श्रेय मिला। शिप्रा के पावन जल में अमृत-संपात की स्मृति में सिंहस्थ महापर्व उज्जैन में मनाया जाता है। अन्य स्थानों पर भी यह पर्व कुंभ-स्नान के नाम से मनाया जाता है। कुंभ के नाम से यह पर्व अधिक प्रसिद्ध है।

प्रत्येक स्थान पर बारह वर्षों का क्रम एक समान है। अमृत-कुंभ के लिए स्वर्ग की गणना से बारह दिन तक संघर्ष हुआ था, जो धरती के लोगों के लिए बारह वर्ष होते हैं। प्रत्येक स्थान पर कुंभ-पर्व के लिए भिन्न-भिन्न ग्रह स्थिति निश्चित हैं। उज्जैन के पर्व के लिए सिंह राशि पर बृहस्पति, मेष में सूर्य, तुला राशि का चंद्र आदि ग्रहयोग माने जाते हैं।

महान् सांस्कृतिक परंपराओं के साथ-साथ उज्जैन की गणना पवित्र सप्तपुरियों में की जाती है। महाकालेश्वर मंदिर और पावन शिप्रा ने युगों-युगों से असंख्य लोगों को उज्जैन यात्रा के लिए आकर्षित किया है। सिंहस्थ महापर्व पर करोड़ों की संख्या में तीर्थयात्री और भिन्न-भिन्न संप्रदायों के

साधु–संत पूरे भारत का एक संक्षिप्त रूप उज्जैन में स्थापित कर देते हैं, जिसे देखकर सहज ही यह जाना जा सकता है कि यह महान् राष्ट्र किन अदृश्य प्रेरणाओं की शक्ति से एक सूत्र में बँधा हुआ है।

कुंभ की पौराणिकता

शिव पुराण में उल्लेख है कि देवताओं ने गंगावतरण के बाद गौतमी, गंगा, गोदावरी से प्रार्थना की कि जब–जब गुरु सिंह राशि में आएँगे, तब–तब हम सब यहाँ अवश्य आएँगे और आप भी महादेवजी के साथ लोक के ग्यारह वर्षों में किए गए पापों का प्रक्षालन करने के लिए यहाँ अवश्य उपस्थित रहना।

इसके अतिरिक्त तीर्थ दर्पण, तीर्थेंदुशेखर आदि पुस्तकों में स्कंद पुराण, ब्रह्मांड पुराण, ब्रह्मवैवर्त पुराण आदि ग्रंथों से जो श्लोक उद्धृत किए गए हैं, वे सभी सिंहस्थ गुरु की स्थिति में तीर्थ नदियों में स्नान के महत्त्व को बताते हैं।

विष्णुयाग की कलशोत्पत्ति कथा के अनुसार उत्तर में हिमालय पर्वत के समीप क्षीर सागर को मथने के लिए देवों और दैत्यों ने मिलकर साहसिक अभियान संपन्न किया था। कच्छपावतार भगवान् विष्णु की पीठ पर विराट् मंदराचल को मथानी बनाकर रखा गया। नागराज वासुकि को रस्सी बनाया गया और एक ओर से देवों ने तथा दूसरी ओर से दैत्यों ने सागर को मथना शुरू किया। इस मंथन में चौदह रत्न निकले—विष, वारुणी, पुष्पक विमान, ऐरावत हाथी, उच्चैश्रवा अश्व, लक्ष्मी, रंभा, चंद्रमा, कौस्तुभ मणि, कामधेनु, विश्वकर्मा, धन्वंतरि और अमृत कुंभ!

सबसे अंत में धन्वंतरि ही अमृत से पूरित कुंभ को लेकर अवतरित हुए। अमृत–कुंभ को देखते ही इंद्र का पुत्र जयंत झपटा और अमृत–कुंभ को धन्वंतरि के हाथों से छीनकर भाग निकला। देवता कुंभ की रक्षा के लिए सन्नद्ध हुए तो दैत्य इस घटना से बौखलाकर जयंत से कुंभ छीनने के लिए उसके पीछे भागे! जयंत बारह दिन तक (जो कि मनुष्यों के बारह वर्ष माने

जाते हैं) कुंभ लिये-लिये भागता रहा। इस अवधि में उसने जिन बारह स्थानों पर यह कलश रखा, उन्हीं बारह स्थानों पर बाद में कुंभ-पर्व मनाया जाने लगा। उक्त बारह स्थानों में चार तो पृथ्वी पर, वह भी भारत में ही हैं; शेष आठ स्थान देवलोक में माने जाते हैं।

क्योंकि देवगुरु बृहस्पति, सूर्य और चंद्रमा ने उक्त बारह दिनों में अलग-अलग स्थितियों में कुंभ की रक्षा की थी, अतः बृहस्पति, सूर्य और चंद्रमा की विशिष्ट स्थितियाँ ही विभिन्न स्थानों पर कुंभ का योग बनाती हैं।

जयंत द्वारा अमृत-कुंभ लेकर भागने की घटनावाली पुराकथा के साथ-साथ एक किंवदंती इस संदर्भ में प्रचलित है कि गुरु द्वारा कुंभ (घड़ा) ले जाने की बात! हालाँकि इसका स्पष्ट उल्लेख नहीं मिला है, किंतु लोकचर्चा है कि सागर-मंथन के बाद अंत में धन्वंतरि अमृत-कुंभ लेकर प्रकट हुए तो उस कुंभ को लेकर छीना-छपटी हुई! देवों-दैत्यों के बीच विवाद बढ़ा तो भगवान् विष्णु मोहिनी रूप लेकर आए। उन्होंने मध्यस्थ बनकर अमृत-कुंभ स्वयं ले लिया और वितरण करना आरंभ किया। उन्होंने पहले से ही निश्चय कर रखा था कि यह अमृत केवल देवताओं को ही मिलना चाहिए, अतः उन्होंने देवताओं की पंक्ति में ही सारा अमृत बाँटकर खाली कलश फेंक दिया। इस कलश को गरुड़ ले उड़े और थोड़ी-बहुत शेष बची बूँदों को उन्होंने चार स्थानों पर गिरा दिया।

कुछ जनश्रुतियाँ कहती हैं कि गरुड़ भरा हुआ अमृत-कुंभ ले उड़े और चोंच में पकड़े होने के कारण कुंभ टेढ़ा हो गया, इसीलिए अमृत चार स्थानों पर छलक गया। गरुड़ और कुंभ का संबंध यों तो शतपथ ब्राह्मण में भी है। कहा गया है कि गायत्री श्येन होकर दिव से सोम को लाई इसी से वह श्येनभृत हैं! श्येन और सोम का यह संबंध प्रतीकार्थ में है और कुंभपर्व से तो नहीं ही जुड़ता!

श्रीमद्भागवत, विष्णुपुराण, महाभारत, वाल्मीकि रामायण आदि ग्रंथों में भी सागर-मंथन, अमृत-कुंभ का धन्वंतरि के हाथों में प्रकट होना और विश्वमोहिनी वेष में महाविष्णु द्वारा उसके वितरण की तो चर्चा है, पर कहीं

भी जयंत या गरुड़ द्वारा उस अमृत-कुंभ को लेकर भागने या जगह-जगह रखने की चर्चा नहीं है।

कुंभ-पर्व की चर्चा अथर्ववेद (4-34-7 और 19-53-3) में आई है। इसमें ब्रह्माजी कहते हैं कि 'मनुष्यो! मैं भोजन वृद्धि एवं पोषण साधनों से पूर्ण पृथ्वी को पूर्ण करनेवाले चार कुंभों को (कुंभ-पर्वों को) चार स्थानों में प्रदान करता हूँ!'

कुंभ का खगोलीय महत्त्व

सामान्यत: यह माना जाता है कि बृहस्पति एक राशि में एक वर्ष रहता है और बारह वर्ष में घूमकर पुन: उसी राशि में पहुँचता है, परंतु वास्तविकता यह है कि बृहस्पति 4332.5 दिनों या 11 वर्ष 11 महीने और 27 दिनों में बारह राशियों की परिक्रमा पूरी करता है! इसी तरह 12 वर्षों में 50.5 दिन कम हो जाते हैं। यह कमी बढ़ते-बढ़ते सातवें और आठवें कुंभ के बीच पूरे एक वर्ष के लगभग हो जाती है। इसीलिए हर आठवाँ कुंभ बारह के स्थान पर 11 वर्ष के अंतराल पर होता है। हर शताब्दी में ऐसा कम-से-कम एक बार हमेशा होता आया है।

कुंभ बारह कल्पित हैं, जिनमें से चार भारतवर्ष में होते हैं। इन चारों स्थानों पर बृहस्पति की विभिन्न राशियों में संक्रमण और उसमें उपस्थिति की स्थिति अधिक महत्त्वपूर्ण है। प्रयाग में बृहस्पति का वृषस्थ आना सूर्य का मकरस्थ होना पर्वयोग लाता है, तो उज्जैन में बृहस्पति का सिंहस्थ एवं चंद्र-सूर्य का मेषस्थ होना पर्व का सुयोग बनता है! नासिक में बृहस्पति तो सिंहस्थ ही रहते हैं, परंतु सूर्य और चंद्रमा भी सिंहस्थ हो जाते हैं, इसीलिए उज्जैन और नासिक के कुंभ-पर्व के लिए कुंभ के स्थान पर सिंहस्थ नाम ही अधिक प्रचलित है।

इस दृष्टि से देखें तो सूर्य और चंद्र के साथ बृहस्पति को ही सर्वाधिक महत्त्व दिया गया है। पुराकथाओं में बृहस्पति देवताओं के गुरु भी हैं। उन्होंने ही दैत्यों से अमृत-घट की रक्षा भी की थी। लगता है, बृहस्पति का विभिन्न

राशियों में संक्रमण का काल ज्योतिषीय दृष्टि से मांगलिक होता है और यह मांगलिकता नदी-तटों पर ही अधिक प्रभावकारी होती है।

ज्योतिषी पक्ष को लेकर दो प्रमुख बातों को ध्यान में रखना अनिवार्य है। मान्यता है कि देश के चार स्थानों पर हर तीसरे वर्ष कुंभ-पर्व होता है, लेकिन हरिद्वार में जिस वर्ष कुंभ होता है, उसके नवे वर्ष कोई पूर्ण कुंभ कहीं नहीं होता है। हरिद्वार के तीसरे बरस प्रयाग में वृषस्थ कुंभ होता है, छठे वर्ष उज्जैन में सिंहस्थ कुंभ होता है और इसके पूर्व सर्दियों में नासिक में सिंहस्थ कुंभ होता है।

कुंभ का ऐतिहासिक संदर्भ

वैसे कुंभ पर्व शताब्दियों से भारत के चार नगरों में, जो कि चार दिशाओं में अलग-अलग पवित्र नदियों के किनारे बसे हुए हैं, धार्मिक स्नान-पर्व के रूप में मनाया जा रहा है। इसके संदर्भ में प्राचीन ऐतिहासिक और प्रामाणिक दस्तावेज उपलब्ध नहीं हैं, किंतु महंत लालपुरी ने अपनी पुस्तक में लिखा है कि कुंभ मेलों के वर्तमान रूप में विकास के विषय में एक मत यह भी है कि भारतीय इतिहास के स्वर्ण युग गुप्त साम्राज्य (320-600 ई.) के समय जैसे पुराण और आदिग्रंथ जैसे साहित्य पुनः संपादित होकर वर्तमान रूप में आए, उसी तरह पुराण और ज्योतिष साहित्य के आधार पर कुंभ-पर्वों के स्नान तथा काल स्थायी रूप से निर्णीत होकर वर्तमान रूप में विकसित हुए।

कुछ मत इन पर्वों की शुरुआत सम्राट् हर्षवर्धन (612-647 ई.) के काल से मानते हैं। इसके बाद का मत यह भी कहता है कि बौद्ध काल में कुंभ-पर्व का प्रचलित रूप बदलकर 'महादान पर्व' के रूप में आ गया होगा, जिसके बाद में आदि शंकराचार्य के आविर्भाव के बाद संन्यासियों की दशनाम परंपरा के द्वारा पुनः व्यवस्थित किया गया। इसके बाद संन्यासियों और अन्य साधु संप्रदायों के बीच अपने संप्रदायों-संगठनों के चुनाव और अन्य प्रमुख निर्णयों के लिए विभिन्न कुंभों की प्रतीक्षा की जाती है तथा जब कुंभ पर संपूर्ण देश का साधु समाज अपने-अपने अखाड़ों और विभिन्न

संप्रदायों के साथ एक स्थल पर जुड़ता है तो आगे के बारह वर्षों के लिए धर्म, समाज व संस्कृति विषयक निर्णय लिये जाते हैं।

आदि शंकराचार्य ने जिस तरह चार दिशाओं में चार आम्नाय (मठ) स्थापित करके हिंदू जगत् को संगठित किया, वहीं अद्वैत मत के प्रचार के लिए संन्यासियों को भी संगठित किया, उसी तरह उन्होंने जोगियों के लिए यह अनिवार्य किया कि वे भोगियों से मिलने के लिए तथा उन्हें चिंतन-मनन से दिशा-दान देने के लिए बारह बरस में एक बार एक दिशा में अवश्य एकत्र हों। पूरब में प्रयाग, पश्चिम में उज्जैन, उत्तर में हरिद्वार और दक्षिण में नासिक में गंगा, शिप्रा और गोदावरी नदियों पर पूरे समाज के एक साथ जुड़ने की परंपरा को राष्ट्र की भावात्मक एकता की दृष्टि से आवश्यक माना होगा।

शंकराचार्य ने आसेतुहिमालय यात्राएँ करके विखंडित और विशृंखलित होते जा रहे भारत को भीतर से एकता के धर्म-सूत्र में बाँधने का जो उपक्रम एक हजार वर्ष पूर्व किया था, कुंभ-पर्व उनके अभियान में सहायक होकर उनके स्वरूप को प्राप्त हुए होंगे।

आदि शंकराचार्य ने चार दिशाओं में जो चार मठ स्थापित कर दिए थे, इन्हीं आम्नायों के साथ दशनामी परंपरा के संन्यासियों को जोड़ दिया गया। जन और अरण्य नामधारी संन्यासी जगन्नाथ पुरी स्थित गोवर्धन पीठ के साथ जुड़े तो तीर्थ और आश्रम नामधारियों को द्वारका स्थित शारदा पीठ के साथ जोड़ा गया। इसी तरह उत्तर की ज्योतिर्पीठ के साथ गिरि, पर्वत, सागर नामधारी संन्यासियों को रखा गया, जबकि शेष तीन यानी पुरी, भारती और सरस्वती नामधारी संन्यासियों को शृंगेरी पीठ के साथ जोड़ दिया गया। आरंभ में बावन मढ़ियों के अंतर्गत यह सभी संन्यास परंपरा समाजसेवा के लिए सामने आई। इनमें भी दंडी और गोसाई दो भेद हुए। तीर्थ, आश्रम, सरस्वती और भारती नामधारी संन्यासी दंडी कहलाए और शेष गोसाइयों में गिने गए।

बाद में दशनामी संन्यासियों के अनेक अखाड़े प्रसिद्ध हुए, जिनमें सात पंचायती अखाड़े आज भी अपनी लोकतंत्रीय व्यवस्था के अंतर्गत समाज में

कार्यरत हैं। भक्तिकाल में इन शिवपूजक दशनामी संन्यासियों की तरह रामभक्त बैरागियों के भी संगठन बने। वर्तमान में बैरागियों के प्रमुखतः तीन अखाड़े कार्यरत हैं, जिनके अंतर्गत अनेक इकाइयाँ और भी हैं।

संन्यासियों और बैरागियों के बीच कुंभ स्नान को लेकर हमेशा द्वंद्व रहा है। हालाँकि इनके आराध्यों यानी शिव और राम के बीच कोई मतभेद नहीं, तो भी ये संप्रदाय एक-दूसरे से अधिक प्रतिष्ठा प्राप्त करने के लिए संघर्षरत रहते आए हैं। वर्तमान में सभी अखाड़ों की एक संयुक्त परिषद् बन जाने से संन्यासियों और बैरागियों के संघर्ष लगभग समाप्त हो गए हैं और सभी साधु एकात्म भाव से क्रमानुसार स्नान करते हैं।

साधु परंपरा के बाद गुरुनानक देव के सुपुत्र श्री चंद्रजी के द्वारा उदासीन संप्रदाय चलाया गया, जिसके आज दो अखाड़े कार्यरत हैं। इसी तरह पिछली शताब्दी में सिक्ख साधुओं के एक नए संप्रदाय निर्मल संप्रदाय की भी शुरुआत हुई। इस तरह कुल मिलाकर तेरह अखाड़े कुंभ की विभिन्न तिथियों पर घोषित स्नान में शमिल होते हैं।

कुंभ की आधार-भूमि में भले ही पौराणिकता और खगोल शास्त्रीय एवं ज्योतिष पर आधारित तथ्य जुड़े हों, किंतु वास्तविकता यह है कि कुंभ जन-जन को जोड़ने के लिए प्रारंभ किया गया एक विराट् राष्ट्रीय पर्व है।

□

उज्जैन सिंहस्थ पर्व : कब और क्यों?

–मोहन यादव

19वीं शताब्दी का अंतिम सिंहस्थ मेला सन् 1897 तदनुसार विक्रम संवत् 1954 में महिदपुर में आयोजित हुआ था, जिसका उल्लेख ग्वालियर रियासत प्रकाशन 'तर्जुमा रियासत ग्वालियर' तथा 'ग्वालियर स्टेट गजेटियर' में मिलता है। सन् 1850 से 1895 के मध्य आयोजित होनेवाले सिंहस्थ पर्वों विक्रम संवत् 1919, 1930, 1942 तदनुसार सन् 1862, 1873, 1885 का उल्लेख यद्यपि नहीं मिलता है। अवश्य ही इन वर्षों में भी स्नान पर्व आयोजित हुआ होगा। इसके बाद सन् 1909 से सिंहस्थ आयोजन संबंधित विवरण का विधिवत् प्रमाण प्राप्त हैं। यहाँ पर उल्लेखनीय तथ्य यह है कि परिक्षेत्र पर शिंदेशाही का शासन चूँकि सन् 1732 को औपचारिक दस्तावेज हो गया था। अत: इनके शासनावधि में यदि सिंहस्थ पर्व का आयोजन होता तो उसका उल्लेख महिदपुर के समान ग्वालियर प्रकाशन तर्जुमा रियासत ग्वालियर व ग्वालियर स्टेट गजेटियर में अवश्य ही होता।

शिप्रातट पर सिंहस्थ : स्नान का आधार

स्मृति ग्रंथों, पुराणों, पांडुलिपियों तथा शिप्राष्टकों में जिस सिंहस्थ स्नान पर्व का उल्लेख ही नहीं है, उसका आरंभ शिप्रा परिक्षेत्र में कैसे, कब हुआ, यह गंभीर चिंतन का विषय है। वैसे उपरिवर्णित पांडुलिपियों एव शिप्राष्टकों से सिद्ध है कि इस धार्मिक पर्व का प्रारंभ 18वीं शती का उत्तरार्द्ध या 19वीं

शती का पूर्वार्द्ध होना चाहिए अर्थात् इस सांस्कृतिक पर्व को प्रारंभ करने का श्रेय मराठा युग को है। इस संबंध में स्पष्ट प्रमाण तो नहीं है, किंतु सांकेतिक प्रमाण अवश्य हैं। जिनके माध्यम से निर्णय पर पहुँचने में सुगमता हो सकती है। इन सांकेतिक प्रमाणों व निष्कर्षों का विवेचन निम्न प्रकारेण किया जा सकता है।

सिंहस्थ स्नान पर्व से संबंधित स्फुट सामग्री का उल्लेख दो ग्रंथों में मिलता है। प्रथम ग्रंथ तत्कालीन सूबेदार (कलेक्टर) श्री केशवलाल बलवंत डोंगरे का है। इन्होंने उज्जयिनी के अपने सेवाकाल में विद्वानों से ग्रंथ की विषयवस्तु संकलित करवाई थी। इस ग्रंथ का शीर्षक 'श्रीक्षेत्र अवंतिका माहात्म्य' अर्थात् उज्जयिनी मार्गदर्शिका है। इसका प्रकाशन वर्ष सन् 1931 है। यह ग्रंथ मराठी भाषा में निबद्ध है। इसकी भूमिका ग्वालियर रियासत के तत्कालीन चीफ जस्टिस, भारत इतिहास मंडल पूना के अध्यक्ष तथा हिस्टरी ऑफ मिडिवल हिंदू इंडिया के लेखक श्री चिंतामणिराव विनायक वैद्य ने लिखी है। ग्रंथ को वर्तमान रूप देने में क्षेत्र के इतिहास से परिचित उज्जयिनी के जिन विद्वानों से सहयोग लिया है, उनका उल्लेख श्री डोंगरे ने ग्रंथ में किया है। अतः ग्रंथ में क्षेत्र संबंधी प्रतिपाद्य विषय के संबंध में विश्वसनीयता स्वीकार योग्य है।

सांस्कृतिक स्नान पर्व के संबंध में कथन है कि यह मेला प्रति बारहवें वर्ष में शिप्रातट पर आयोजित होता था। इस मेले के संबंध में एक वृद्ध गृहस्थ के घर में पुराने कागजों के बंडल में एक जीर्ण-शीर्ण कागज मिला। जिसमें यह श्लोक दिया था—

पूज्ये मेषादि याते प्रथम—भवतु सुरनदी यत्र याते नमस्ते।

यह श्लोक किस ग्रंथ का है और किसने लिखा है, इसका उल्लेख नहीं किया गया है। इस कारण इस पर कितना विश्वास किया जाए, कहा नहीं जा सकता। परंतु 'गुरु मेष राशि में हो (कागज के जीर्ण-शीर्ण होने के कारण और आगे वाचन करना संभव नहीं था), वृषभ राशि में गंडकी नदी (नेपाल तराई में), मिथुन राशि में काशी क्षेत्र, कर्क राशि में कावेरी नदी, सिंह राशि में

गोदावरी, कन्या राशि में कृष्णा, तुला राशि में तुंगभद्रा; वृश्चिक राशि में विशाला क्षेत्र-शिप्रा तटवर्ती उज्जयिनी, धनु राशि में कुंभकोणम् तथा मीन राशि में गुरु में मानसरोवर में गंगा का वास रहता है, ऐसी मान्यता का उल्लेख किया गया है।

उपरि उल्लेख के अनुसार देश में बारह स्थानों पर मेला आयोजित होने का उल्लेख है। ये मेले गुरु के विभिन्न राशियों में रहने पर आयोजित होते थे। आज मात्र दो स्नान-पर्व ही ऐसे हैं, जिसका आयोजन उपरि कथन तथा धर्मशास्त्रानुसार हो रहा है। ये मेले हैं—सिंहस्थ गुरु में गोदावरी तट पर तथा कन्या राशि में गुरु में कृष्ण तट पर। इनमें से केवल प्रथम ही ख्यातिलब्ध स्नान पर्व है। जिसकी संज्ञा 'सिंहस्थ स्नान पर्व' या 'कुंभ पर्व' है। इसका आयोजन प्रति 12वें वर्ष में भव्य रूप में होता है। कृष्णा तट पर आयोजित होनेवाला मेला यद्यपि आज भी होता है, किंतु यह विशेष लोकप्रिय नहीं है।

उपर्युक्त कथानुसार पूर्व काल में शिप्रा तट पर वृश्चिक राशिस्थ गुरु के अवसर पर स्नान पर्व का आयोजन होता था, जो कालांतर में सिंहस्थ गुरु के अवसर पर होने लगा। इसका कारा यह प्रतीत होता है कि शिप्रा नदी में वैशाख पूर्णिमा के स्नान का विशेष महत्त्व होने के कारण ही सिंहस्थ गुरु में गोदावरी स्नानार्थ गए साधु-संन्यासीगण अपनी वापसी यात्रा में शिप्रातट की उज्जयिनी नगरी में रुकने लगे होंगे, ताकि वे उज्जयिनी की शिप्रा में वैशाख स्नान तथा महाकाल की पूजा-अर्चना का लाभ ले सकें। साधु-संतों का शिप्रा तट पर वैशाख स्नान हेतु रुकना ही कालांतर में सिंहस्थ स्नान पर्व का कारण बन गया। इस प्रकार बारहवें वर्ष का वैशाख स्नान पर्व ही सिंहस्थ स्नान पर्व के रूप में पल्लवित एवं पुष्पित हो गया। शिप्रा तट पर सिंहस्थ स्नान पर्व-आयोजन का प्रतिफल रहा कि धीरे-धीरे वृश्चिक गुरु पर होनेवाला स्नान पर्व लुप्त हो गया।

इसके बाद श्री डोंगरे ने गुरु की बारह राशियों पर आयोजित होनेवाले मेले बारह मेलों के संबंध में स्पष्ट लिखा है कि तीन स्थानों के मेलों को छोड़, शेष स्थानों के मेले कैसे बंद हो गए। यह कहना संभव नहीं है। मेले

की प्राचीनता के विषय में भी मत व्यक्त करते हुए कहा है कि यह परंपरा हजारों वर्ष पुरानी है। उनके मतानुसार, इन बारह मेलों का प्रारंभिक स्वरूप 'सरस्वती-सत्र' था, जिसका उल्लेख बृहदारण्यक, अश्वलायन, लाट्यायन आदि श्रौत सूत्रों में मिलता है। ये ही 'सरस्वती सत्र' कालांतर में मेला रूप में परिवर्तित हो गए और 'सरस्वती सत्र' बंद हो गए। कालांतर में इन मेलों की संख्या धीरे-धीरे कम हो गई। आज तो केवल चार मेले ही उल्लेखनीय रह गए हैं। श्री डोंगरे का कथन है कि 'सरस्वती सत्र' कुंभ पर्व का प्रारंभिक रूप है, तथ्यपरक नहीं है, क्योंकि सरस्वती सत्र व स्नान पर्व के स्वरूप में पर्याप्त भिन्नता है। श्रौत-सूत्र आदि में कतिपय स्थानों पर ही सरस्वती सत्र के आयोजन का उल्लेख है, न कि बारह स्थानों पर। बारह राशियों पर गुरु के आने का उल्लेख, सरस्वती सत्र का उल्लेख कहीं भी नहीं मिलता है। अत: उनका यह मत कि कुंभ पर्व का प्रारंभिक रूप सरस्वती सत्र है, स्वीकार करने योग्य प्रतीत नहीं होता है।

शिप्रातट पर सिंहस्थ पर्व आयोजन होने के श्री डोंगरे के मत का उल्लेख विक्रम स्मृति ग्रंथ (हिंदी) में श्री भालेराव ने किया है। श्री भालेराव ने श्री डोंगरे के मत को न केवल पुष्ट किया है वरन् उसे पूर्णता भी दी है। श्री भालेराव के अनुसार श्री राणोजी शिंदे से लेकर जनकोजीराव तक सभी मराठा शासकों के सत्प्रयासों से ही प्रारंभिक वर्षों में साधु-संत शिप्रा तट पर स्नानार्थ आने हेतु तैयार हुए थे। कालांतर में उस स्नान पर्व की भव्यता और महत्ता में श्रीवृद्धि हो गई।

कुंभ-पर्व सिंहस्थ गुरु के समय ही क्यों?

शिप्रा तट पर आयोजित होनेवाले कुंभ पर्व का यद्यपि अद्यतन कोई शास्त्रीय या पौराणिक आधार प्राप्त नहीं हो सकता है, फिर भी प्रति बारहवें वर्ष पर सिंहस्थ स्नान पर्व (कुंभ पर्व) का आयोजन हो रहा है। यह स्नान पर्व जन-सामान्य हृदय की अद्‌भुत सांस्कृतिक भावना है, जिसे कालांतर में विद्वानों ने शास्त्रीय परिधान या कह सकते हैं कि पौराणिक परिधान में

आवेष्टित करने का सत्प्रयास किया है।

जन सामान्य की इस सांस्कृतिक भावना के उद्‌भव होने की पृष्ठभूमि में क्या कारण है तथा उस अद्‌भुत भावना का मूल रूप क्या यही था अथवा यह पर्व अपने मूल रूप का परिवर्तित या परिवर्धित रूप है। इन सभी अनुत्तरित प्रश्नों के उत्तर प्राप्त प्रमाणों के आधार पर अन्वेषण करने का यह विनम्र प्रयास है।

किसी भी कार्य की निष्पत्ति कारण के बिना संभव नहीं है। मूलरूप में कारण होना अनिवार्य है। कारण सूक्ष्म होता है, जबकि कार्य का रूप विस्तृत। प्रति 12वें वर्ष में होनेवाले भव्य स्नान पर्व की पृष्ठभूमि में भी कारण अवश्य होगा। उस कारणजन्य कार्य का पूर्व स्वरूप व संज्ञा क्या थी तथा उसमें क्या परिवर्तन हुए, इन प्रश्नों का समाधान यहाँ प्रस्तुत है।

स्नान पर्व माह का विवेचन

सिंहस्थ स्नान पर्व के लिए जिस योग का उल्लेख सभी ग्रंथकारों ने किया है, तदनुसार सूर्य का मेष राशि में होना अनिवार्य है। सामान्यतः सूर्य मेष राशि में वैशाख माह (अप्रैल-मई) में ही आता है। राशि चक्र में मेष प्रथम राशि है, जिसका स्वामी मंगल है। उज्जयिनी मंगल की जन्मभूमि है, इसका मंदिर शिप्रा पर कमेड गाँव के पास है। चौरासी लिंगों में इस लिंग की क्रम संख्या 43 है। मंगल की राशि मेष सूर्य की उच्च राशि है। इसी कालावधि में स्नान पर्व का आयोजन होता है। स्कंद पुराण के अनुसार वैशाख मास में शिप्रा स्नान अधिक पुण्यदायी है। 'भगवंत भास्कर' आदि ग्रंथों के अनुसार सूर्य की मेषराशि में संक्रमण करने पर दान करने का विशेष महत्त्व है। वैशाख मास के शुक्ल पक्ष की तृतीया, एकादशी, त्रयोदशी, चतुर्दशी व पूर्णिमा में यात्रा, स्नान, दान, पुण्य करना अति शुभ माना गया है। शिप्रा की महिमा का उल्लेख करते हुए पुराणकार ने तो यहाँ तक कहा है कि भक्त को स्नान फल मिलता ही है, पर शिप्रा नदी ऐसी है, जिसका दर्शन भी स्नानवत् ही पुण्यदायी होता है। स्नानादि पुण्य कार्य के लिए यदि पद्मसकार का योग

मिल जाए तो वह पुण्यदायी योग बन जाता है। यह पद्मसकार योग केवल शिप्रा तट को छोड़कर अन्यत्र दुर्लभ है। कथन है—

सर्वत्र दुर्लभा सिप्रा सोमंग्रहस्तथा।
सोमेश्वरः सोमवारः सकाराः पञ्च दुर्लभाः॥

स्कंद पुराण में संपूर्ण वैशाख मास, विशेषकर शुक्ल पक्ष की पाँच तिथियों में शिप्रा स्नान का धार्मिक दृष्टि से विशेष महत्त्व प्रतिपादित है। सूर्य अपनी निश्चित गति के कारण सामान्यतः चैत्र या वैशाख मास में मेषस्थ रहता है। मेषस्थ सूर्य के समय दान-पुण्य करना विशेष फलदायी माना गया है। अतः वैशाख मास में शिप्रा तट पर जन-संकुल रहता ही था, चाहे गुरु सिंहस्थ हो या न हो। वैसे सामान्यतः 12वें वर्ष में मेषस्थ सूर्य के समय गुरु भी सिंह राशिस्थ रहता है। गुरु की इस सिंह राशि का स्वामी भी सूर्य ही है। अतः स्नान पर्व पर सूर्य का ही विशेष प्रभाव रहता है। सूर्य व गुरु की विशिष्ट राशि तथा उन दोनों के योग में दान-पुण्य और स्नान करने का उल्लेख कर्मकांड से संबंधित किसी भी धर्म ग्रंथ में नहीं मिलता है।

सिंहस्थ स्नान की सामान्य तिथियाँ छह मानी जाती हैं—1. वैशाख स्नान प्रारंभ तिथि अर्थात् चैत्र शुक्ल पूर्णिमा, 2. मेष सूर्य संक्रांति, 3. वैशाख अमावस्या, 4. अक्षय तृतीया, 5. श्री आद्य गुरु शंकराचार्य जयंती, 6. वैशाख पूर्णिमा।

चैत्र और वैशाख मास की ये ही छह तिथियाँ वैशाख स्नान के लिए पुण्यप्रद मानी गई हैं। इन छह तिथियों में से सिंहस्थ स्नान के लिए तीन तिथियों का ही विशेष महत्त्व है, क्योंकि मेले का प्रारंभ चैत्र शुक्ल पूर्णिमा से होता है तथा समापन वैशाख पूर्णिमा को होता है। इस दिन मुख्य स्नान अर्थात् शाही स्नान होता है।

कालांतर में महादजी, जनकोजी, जयाजीराव, जवाजीराव आदि शासकों के सहयोग एवं सत्प्रयास से स्नान पर्व की भव्यता में क्रमशः श्री वृद्धि हो गई। पूर्ण संभावना है कि सिंहस्थ स्नान की भव्यता तथा जन मान्यता के कारण ही कालांतर में पर्व संबंधी माहात्म्य का विशद विवेचन धर्माचार्यों ने

श्लोकबद्ध कर पौराणिक ग्रंथों में समाहित कर दिया हो।

मान्यता यह भी है कि जन विश्वास से अद्‌भुत स्नान पर्व को धार्मिक गरिमा देने के उद्‌देश्य से कालांतर में समुद्र मंथन व अमृत विवरण की पौराणिक गाथा को विस्तार दे, उसकी नवीन सुष्टु प्रस्तुति कर दी गई। इस नवीन गाथा में स्मृति तथा पुराण सम्मत पवित्र नगरों की पवित्र नदियों के तट पर अमृत बूँदों के छलकने की घटना का भी समावेश कर दिया गया। अमृत विवरण की गाथा से प्रभावित हो विशिष्ट नदियों के तट पर विशिष्ट पर्व में स्नान हेतु एकत्र होने लगे। यह वस्तुतः धार्मिक जन-जागरण की दिशा में किया गया मनोवैज्ञानिक प्रयास था, जिसका परिणाम अनुकूल रहा। वैसे भी शिप्रा तो पौराणिक दृष्टि से 'विष्णुदेधेद्‌भवा, अमृतपूरित तथा गंगा की सखी है।' अतः इसमें स्नान करना, विशेष रूप से वैशाख मास व मेषस्थ सूर्य में अति फलदायी है।

सिंहस्थ स्नान का इतिहास

शिप्रा तट पर आयोजित होनेवाले सिंहस्थ स्नान पर्व का प्राप्त इतिहास सन् 1897 का है, इसके पूर्व का इतिहास या स्नान पर्व का उल्लेख न तो ग्वालियर रियासत के किसी प्रकाशन में और न शिंदेशाही के प्रकाशित पत्रों में मिलता है। यहाँ यह तथ्य उल्लेखनीय है कि परिक्षेत्र पर शिंदेशाही का अधिकार सन् 1732 में ही हो गया था तथा उज्जयिनी सन् 1810 तक सिंधिया राज्य की राजधानी रहा। यह अवश्य है कि अप्रैल सन् 1850 के मालवा अखबार में परिक्षेत्र में मेला आयोजन का उल्लेख मिलता है। अप्रैल सन् 1850 का यह मेला वैशाख मेला था या सिंहस्थ स्नान पर्व यह निर्णय करना कठिन है, क्योंकि उस समय वैशाख मास भी था तथा गुरु सिंह राशि में था। संभव है कि यह मेला सिंहस्थ मेला हो, क्योंकि इस मेले में सम्मिलित होने के लिए भक्तगण दूर-दूर से शिप्रा तटवर्ती उज्जयिनी में पधारे थे।

सिंहस्थ विधान का विधिवत् शासकीय रिकॉर्ड सन् 1909 से है। इससे पूर्व का स्नान पर्व उज्जयिनी में नहीं हुआ था, क्योंकि समुचित व्यवस्था न

होने के कारण साधु-संत समाज सिंहस्थ स्नान हेतु सिंधिया राज्य सीमा से बाहर होल्कर राज्य के शिप्रा तटवर्ती महिदपुर चले गए थे। महिदपुर में यह मेला धूलटेश्वर (धूर्जटेश्वर) महादेव मंदिर के समीप शिप्रातट पर लगा था। जब सिंधिया शासक ने अनुनय-विनय कर साधु-संतों के क्रोध को शांत किया, तब साधु-संतों ने वैशाख पूर्णिमा का स्नान उज्जयिनी में आकर किया। इसके पश्चात् 1909 से सिंहस्थ पर्व का अवरिल रूप से आयोजन उज्जयिनी में हो रहा है।

सन् 1921 तथा सन् 1933 का मेला जन-संकुल की दृष्टि से बहुत ही सामान्य था। सन् 1945 में द्वितीय महायुद्ध के पश्चात् सिंहस्थ स्नान तिथि होने के कारण उज्जयिनी का स्नान पर्व जन-आकर्षण का केंद्र बन सका। सन् 1956 में पर्व तिथि 11 वर्ष पश्चात् ही आने के कारण साधु-संत मेले में सम्मिलित नहीं हुए। सन् 1957 (अर्थात् 12वें वर्ष) में साधु-संतों ने उज्जयिनी आकर स्नान किया। यह स्नान पर्व भी जन-समुदाय की सहभागिता की दृष्टि से सामान्य ही था।

सन् 1968 एवं 1969 में भी पूर्वानुसार सिंहस्थ तिथि पर्व पर विवाद बना रहा। जिसके फलस्वरूप बैरागियों ने सिंहस्थ पर्व सन् 1966 में तथा शैव मतानुयायियों ने 1969 में स्नान पर्व मनाया। सन् 1980 तथा सन् 1992 का सिंहस्थ पर्व पूर्ण भव्यता के वातावरण में आयोजित हुआ। इसके पश्चात् सन् 2004 का सिंहस्थ पर्व सदी का प्रथम सिंहस्थ महापर्व रहा।

उज्जयिनी में आयोजित होनेवाले सिंहस्थ-पर्व की एक शताब्दी की यह विकास गाथा है, जो साक्ष्यों से अनुप्रमाणित है। सन् 1992 के विशाल एवं भव्य आयोजन तथा इसमें समागत स्नानार्थियों के जन-समुदाय को देखने पर स्पष्ट था कि शिप्रा व उसकी तटवर्ती महाकाल की नगरी उज्जयिनी का देश की धार्मिक व सांस्कृतिक चेतना को जाग्रत् रखने में कितना अहम योगदान है।

यहाँ यह उल्लेख करना प्रसंग सम्मत ही होगा कि राज्य विलीनीकरण के पूर्व परिक्षेत्र में आयोजित हुए सभी सिंहस्थ पर्वों की आयोजन व्यवस्था

सिंधिया राज्य ने ही की थी। सन् 1948 में प्रथम सिंहस्थ-पर्व का आयोजन होना था। अतः पर्व तिथि के पूर्व सन् 1955 में मध्यभारत राज्य विधानसभा द्वारा पारित किया गया। तदनुसार सिंहस्थ पर्व के आयोजन की व्यवस्था राज्य शासन द्वारा किए जाने का प्रावधान हो गया। इसी प्रावधान के अंतर्गत 1956 से सभी सिंहस्थ पर्व आयोजित हो रहे हैं।

सिंहस्थ स्नान पर्व का श्रीगणेश एवं आद्य शंकराचार्य

भारत में चार स्थानों पर आयोजित होनेवाले कुंभ पर्व का श्रीगणेश कब हुआ, इस संबंध में आज तक कोई शास्त्रानुमोदित या प्रमाणों से पुष्ट निश्चित मत नहीं प्राप्त हो सका है। प्रचलित मतानुसार, वेदों में 'कुंभ' शब्द का उल्लेख तथा पुराणों में वर्णित समुद्र मंथन व्याख्यान चूँकि कुंभ पर्व का आधार है, अतः वेदों तथा पुराणों के युग से ही इस धार्मिक पर्व का श्रीगणेश विद्वानों ने माना है। मत की पुष्टि किसी भी प्रमाण से नहीं होती है, किंतु कुछ विद्वानों का मत है कि कुंभ पर्व का श्रीगणेश महाभारत युग में ही हो गया था। वे अपने कथन की पुष्टि में शैव पुराण के पूर्व भाग की ईश्वर संहिता में वर्णित सांदीपनि के चरित 1अध्याय को प्रस्तुत करते हैं। इसके द्वितीय श्लोक में उल्लेख है कि मुनि सांदीपनि कुंभ समय में अवंति पधारे थे। मुनि सांदीपनि संबंधी यह चरित अध्याय शिवपुराण की रचना या संकलन काल ही बहुत अर्वाचीन है। इसी शिवपुराण की रचना के पश्चात् रचित उपपुराण तो निश्चित रूप से और भी अर्वाचीन होना चाहिए। अतः यह ग्रंथ निश्चित रूप से उस समय रचा गया होगा, जब कुंभ मेले का आयोजन परिक्षेत्र में होने लगा होगा। अपने ग्रंथ की प्राचीनता हेतु या कुंभ पर्व की प्राचीनता सिद्ध करने हेतु मुनि सांदीपनि के कुंभ पर्व पर आने की घटना की श्लोक रूप में संरचना कर बाद में जोड़ दिया गया होगा। मुनि सांदीपनि का तीर्थयात्रा प्रसंग में उज्जयिनी आने का उल्लेख मिलता है।

भारत में चार कुंभ मेलों के भव्य आयोजन की परंपरा मध्यकाल से निरंतर मिलती रही है। हरिद्वार, इलाहाबाद, नासिक एवं उज्जैन के कुंभ मेले

प्राचीनतम रहे हैं। इलाहाबाद के कुंभ मेले का तादात्म्य विद्वानों ने हर्षकालीन महासंस्कृति सम्मेलन से भी किया। प्राचीन वैभवकालीन कुंभ पर्व के चौथे स्थल उज्जयिनी के प्राचीन वैभवकालीन इतिहास के बारे में विद्वानों द्वारा निरंतर लेखन कार्य किया गया। यहाँ आयोजित कुंभ या सिंहस्थ मेले पर विस्तृत विवरण सर्वप्रथम जनश्रुतियों में एवं तदुपरांत मराठाकाल में ही प्राप्त होता है।

वैसे भी कुंभ अर्थात् घट हमारी प्राचीन धार्मिक शुभ प्रतीक के रूप में मान्य है। देव-दानव संघर्ष में समुद्र मंथन से प्राप्त अमृत कुंभ से इन्हीं चार स्थानों पर अमृत की बूँदें गिरने का उल्लेख पुराणों में वर्णित है। विद्वान् ज्योतिष और खगोलविद् इस कुंभ पर्व को भौगोलिक एवं ज्योतिषीय योग से जोड़ते हैं—कहा जाता है कि उज्जयिनी कर्क रेखा पर स्थित होने के साथ ही कुंभ पर्व के समय यहाँ की पवित्र नदी में स्नान करना मोक्षदायक माना गया है—

मेष राशि गते सूर्य सिहं राश्यौ वृहस्पति।
अवन्तिकायां भवेत्कुम्भः सदा मुक्ति प्रदायक॥

□

खंड-2

अनन्त श्री विभूषित ज्योतिष्पीठाधीश्वर एवं द्वारकाशारदापीठाधीश्वर जगद्गुरु शङ्कराचार्य

स्वामी स्वरूपानन्द सरस्वती

ज्योतिर्मठ	श्रीशारदापीठम्
तोटकाचार्य गुफा, चमोली गढ़वाल, उत्तराखण्ड	द्वारका, जामनगर, गुजरात
दूरभाष : 01389-222185	दूरभाष : 02892-235109

शुभाशंसनम्

भारत की प्राचीन मेलापक परंपरा के विशालतम प्रकल्प का नाम कुंभ है। यह आज विश्व में कीर्तिमान है कि किसी एक निश्चित स्थान और निश्चित समय में सर्वाधिक लोग स्नान से पुण्य प्राप्त करने के लिए एकत्रित होते हैं। यहाँ एकत्रित होने का कोई आमंत्रण नहीं दिया जाता, न ही कोई विज्ञापन, फिर भी लोग एकत्र होते हैं तो इसका पूरा श्रेय आदि शंकराचार्य एवं उनकी अविच्छिन्न जीवंत चतुष्पीठ आचार्य परंपरा को जाता है। आज से 2500 वर्ष पूर्व नदियों के इन तटों पर पर्वकाल में भी सन्नाटा पसरा करता था। बौद्धाचार्य धर्मकीर्ति का कथन था—

वेदप्रामाण्यं कस्यचित् कर्तृवादः, स्नाने धर्मेच्छा जातिवादावलेपः।
सन्तापः पापहानाय चेति, ध्वस्तप्रज्ञानां पञ्चलिङ्गानि जाड्ये॥

अर्थात्—(1) वेदों को प्रमाण मानना, (2) जगत् रचयिता किसी ईश्वर की सत्ता को मानना, (3) तीर्थों में पर्व में स्नान करने से पुण्य होता है, (4) वर्ण एवं आश्रम की मर्यादा को मानना, (5) प्रायश्चित्त आदि से पाप नष्ट होते हैं। जिनकी बुद्धि नष्ट हो चुकी हो, उनकी जड़ता के यह पाँच चिह्न हैं। तीर्थों में स्नान करने से पुण्य नहीं होता। इस बात का प्रचार बौद्धों द्वारा बहुत जोर-शोर से किया गया। सनातन हिंदूप्रजा ने तीर्थों में जाना, पर्व में स्नान आदि का बहिष्कार कर दिया और वे महान् पुण्य से वंचित होने लगे। ऐसे विकट समय में भगवान् शंकर ने धर्मग्लानि का अपनोदन करने के उद्देश्य से आदि शंकराचार्य के रूप में अवतार धारण किया।

अष्टवर्षे चतुर्वेदी द्वादशे सर्वशास्त्रवित्।
षोडशे कृतवान् भाष्यं द्वात्रिंशे मुनिरभ्यगात्॥

अर्थात्—अष्टवर्ष की अल्पवय में चारों वेदों का सांगोपांग अध्ययन, बारह वर्ष में सर्वशास्त्रवेत्ता, सोलह वर्ष में भाष्यों का प्रणयन करनेवाले मेधावी शंकराचार्य ने बौद्धादि का खंडन कर वेदों का प्रामाण्य स्थापित किया। सनातनी जनता का तीर्थों में श्रद्धा और विश्वास बढ़ाने के लिए पुण्य-नदियों की महिमा को प्रकट करते हुए अत्यंत ललित एवं भावपूर्ण स्रोतों की रचना की, जिनमें गंगाष्टक, यमुनाष्टक एवं नर्मदाष्टक इत्यादि हैं।

वेदों का प्रमाण स्थापित होने से वेदोक्त वचन सार्थक हुए। वेदों में लिखा है—

सितासिते सरिते यत्र सङ्गथे तत्रास्लुतासो दिवमुत्पतन्ति।
ये वै तन्वं विसृजन्ति धीरास्ते जनासो अमृतत्वं लभन्ते॥

अर्थात्—सित (गंगा) और असित (यमुना)इन नदियों के संगम में जो स्नान करते हैं, वे स्वर्ग जाते हैं और जो मनुष्य वहाँ अपने शरीर का त्याग करते हैं, वे अमृतत्व को प्राप्त करते हैं। यही संदर्भ पर्वकाल में शिप्रा का भी है। कुंभमेला वैदिक मतावलंबी सनातनी हिंदुओं का मेला है। शंकराचार्यों को अपना गुरु माननेवालों का मेला है। कोई भी संघ या परिषद् या सभा या तथाकथित हिंदूवादी संगठनों का मेला नहीं है। वेद-शास्त्रों या धर्मशास्त्रों को बदलने की बात करनेवालों का मेला नहीं है, अपितु वेद-शास्त्रों में जिनकी अटूट श्रद्धा है, उन लोगों का यह मेला है।

आदिशंकराचार्य का उज्जैन से बहुत घनिष्ठ संबंध था। उज्जयिनी के विक्रमादित्य के वंशज राजा सुधंवा आदिशंकराचार्यजी के शिष्य एवं उनके प्रति अनन्य श्रद्धा रखते थे। राजा सुधंवा का ताम्रपत्र आज भी उपलब्ध है। आचार्य को उन्होंने राजोपचार भेंट किये थे एवं शंकराचार्यजी द्वारा बनाए गए महानुशासन को संपूर्ण भारत में व्यावहारिक रूप प्रदान करवाने में अपनी महत्त्वपूर्ण भूमिका निभाई थी। आज चारों पीठों की स्थिति निर्विवाद है। चाहे न्यायालय की दृष्टि से हो या परंपरा या चतुष्पीठ सम्मेलन में आचार्यों की

एकरूपता; सभी तरह से स्थिति स्पष्ट है तो शासन प्रशासन का यह कर्तव्य है कि आचार्यों की गरिमा का ध्यान रखते हुए छद्म लोगों पर लगाम लगाए। शंकराचार्य नाम से अपने ख्यापित करनेवालों की गति कुंठित करते हुए न्यायालय की अवहेलना करनेवालों पर दृष्टि रखी जाए।

इस अवसर पर समागत धर्मावलंबियों को नारायणस्मरणपूर्वक शुभाशीर्वाद देते हुए उज्जैन के सिंहस्थ कुंभ की निर्विघ्न परिसमाप्ति के लिए भगवान् शारदा-चंद्रमौलीश्वर से प्रार्थना करते हैं।

शुभैषी

स्वरूपानन्द सरस्वती

(स्वामी स्वरूपानंद सरस्वती)

जगद्गुरु शंकराचार्य

ज्योतिष्पीठ एवं द्वारका शारदापीठ

शंकराचार्य आश्रम, ज्ञानलोक कॉलोनी

कनखल, हरिद्वार (उ.ख.)

चैत्र शु. 4/सं. 2073

10/04/2013

सनातन धर्म

–श्री श्री रविशंकर

सनातन धर्म बहुत व्यापक और विस्तारित है, जो आपको कई बार भ्रमित भी कर सकता है, लेकिन यही हमेशा सच्चाई का मार्ग भी दिखाता है। सनातन धर्म के अनुसार यह सही है और वह भी सही है। यदि कोई एक धर्म है और जिसके सारे रास्ते किसी एक शक्ति को पूजने और उसमें मिलने का ज्ञान देते हैं तो वही सनातन धर्म की प्राचीन परंपरा है। ऐसा इसलिए, क्योंकि यह न तो बनाया गया है, न ही किसी एक ऋषि (बुद्धिमान संत या फकीर) या किसी विशेष व्यक्ति द्वारा दिया गया है। हजारों प्रज्ञ संत-फकीरों ने इस परंपरा में अपना योगदान दिया है और इसे अपने ज्ञान तथा अनुभव की मदद से पोषित किया है। इस प्राचीन परंपरा में इन सभी की बुद्धिमत्ता और ज्ञान का समावेश होकर ही इसे यह स्वरूप मिला है।

पहले सनातन धर्म में कोई मूर्ति या मूर्ति पूजा नहीं होती थी। सिर्फ होम (पवित्र अग्नि प्रज्वलित करके उसमें दी गई आहुतियाँ) को ही प्रमुखता दी जाती थी और भगवान् शिव की पिंडी ही पूजी जाती थी, जो उनकी उपस्थिति दर्शाती थी। इसके अलावा कुछ नहीं किया जाता था। मगर धीरे-धीरे हुए परिवर्तनों में मूर्ति स्थापना का रिवाज चल पड़ा।

सनातन धर्म में एक सुपारी में भगवान् गणेश का स्वरूप देखा गया था, एक पिंड में भगवान् शिव और कलश (पानी से भरा पवित्र पात्र) को देवी माँ के रूप में पूजा गया था। वही कलश, जिसके शीर्ष पर नारियल रखा

जाता है। यही सनातन धर्म की पूजा की विधि भी थी। यही वजह है कि आज भी बिना कलश के की गई पूजा का कोई महत्त्व नहीं है। उसी पवित्र कलश का जल मूर्तियों पर चढ़ाया जाता है। तो अब क्यों न उसी प्रक्रिया को दोहराया जाए। यह इसलिए था, क्योंकि किसी मूर्ति को देखते हुए मन-ही-मन उसके प्रति श्रद्धा या समर्पण की भावना जागती थी।

इसका एक अन्य कारण और था कि जब बौद्धों और जैन धर्म के लोगों ने अपने-अपने मंदिर और मठ बना लिये तो उन्होंने वहाँ सुंदर मूर्तियों को स्थापित की। इसके बाद जो लोग सनातन धर्म को मानते थे, उन्हें भी यह महसूस हुआ कि उन्हें भी इस तरह का कुछ करना चाहिए। तो उन्होंने भी उन्हीं लोगों का अनुसरण किया और भगवान् विष्णु, भगवान् राम और भगवान् कृष्ण की मूर्तियों को स्थापित करने लगे।

भगवद् गीता हो या रामायण, आप कहीं भी इन मूर्तियों की पूजा के लिए इन्हें स्थापित करने की किसी तरह की कोई विधि या अनुष्ठान नहीं पाएँगे। सिर्फ 'शिवलिंग' को स्थापत्य माना गया है। यह इसलिए, क्योंकि प्राचीन काल से ही भगवान् शिव की पूजा-अर्चना की जाती रही है। भगवान् शिव को न सिर्फ श्रीकृष्ण ने पूजा, बल्कि श्रीराम भी शिव के अनन्य भक्त थे। इसके अलावा अन्य सभी ने भगवान् शिव को ही शुरू से ध्याया है।

यही वजह है कि कई लोग तो यहाँ तक कहते हैं कि मुसलिमों के पवित्र तीर्थ 'काबा' में लगा पत्थर भी भगवान् शिव ही हैं।

भविष्य पुराण में भी एक श्लोक (मंत्र) है, जिसमें भगवान् विष्णु के तीन पग के बारे में बताया गया है। यह भगवान् विष्णु का वह पाँचवाँ अवतार था, जिसमें वे 'वामन' (एक छोटे ब्राह्मण) के रूप में अवतरित हुए थे। इस श्लोक में भी बताया गया है कि तीन पग में भगवान् विष्णु का एक पग 'गयाजी' में था तो दूसरा 'मक्का' में।

पैगंबर मोहम्मद के आने से पूर्व भी मक्का में लोग तीर्थस्थल के रूप में जाते थे। यही वजह है कि तीर्थयात्री वहाँ जाते हैं और पत्थर को चूमकर उसकी सात बार परिक्रमा लगाते हैं। यही पूजा विधि भगवान् शिव के मंदिरों

में भी होती है, जहाँ लोग बिना सिले हुए श्वेत वस्त्र धारण करके जाते हैं और शिवलिंग यानी पत्थर की पूजा करते हैं।

यह वास्तविक रूप से वही प्रक्रिया या रीति है, जिसे लोग प्राचीन काल से प्रयोग में लाते रहे हैं। इसलिए गयाजी में की जानेवाली पूजा हो या मक्का में, इसमें कई तरह की उल्लेखनीय या अनूठी समानताएँ भी हैं। इसका मतलब स्पष्ट है कि एक ही तरह के पत्थर हैं, जिन्हें स्थापित किया गया, पूजा गया और एक ही स्वरूप में उनकी प्रदक्षिणा की गई और एक ही रूप में बिना सिले वस्त्र धारण कर रिवाज निभाए गए। इसलिए यह सब एक-दूसरे से जुड़ा हुआ है और इसी से हर जगह हर कोई संबद्ध है।

□

संस्कारों का बीजारोपण करता है सिंहस्थ महापर्व

—देवप्रभाकर शास्त्री 'दद्दाजी'

हम सबको मालूम है कि देश का या सारे विश्व का जो जनमानस है, कई भागों में बँटा हुआ है। विशेषकर हमारे देश का यौगिकीकरण होता है, उसमें एक भौतिक और एक आध्यात्मिक तत्त्व महत्त्वपूर्ण होता है। भौतिक योगी में मनुष्य अपनी सत्ता और संपत्ति को ही मंदिर मानता है और उसको प्राप्त करने के लिए विभिन्न प्रकार के प्रयास करता है। आध्यात्मिक जगत् में या आध्यात्मिक विषय में रुचि रखनेवाले लोग अपने परमात्मा की कृपा को प्राप्त करना चाहते हैं। मेरा यह मानना है कि भौतिक जगत् में सत्ता और संपत्ति को लक्ष्य बना लेना, यह मानव जीवन के लिए पर्याप्त नहीं है। हम यह मान लें कि इसमें केवल सत्ता और संपत्ति यदि भौतिक जगत् में व्यक्ति को प्राप्त होती है तो ये उसके जीवन की सार्थकता नहीं है। जीवन की सार्थकता मिली हुई सत्ता और संपत्ति का जनसहयोग में, सभ्यता-संस्कृति और सदाचार में उत्थान में यदि उसका सदुपयोग हो सके, तो वही सार्थक सत्ता है। वही सार्थक संपत्ति है और सत्ता एवं संपत्ति का जो अधिकारी है, उनका जीवन भी सार्थक होता है। यही व्यवस्था हमारे आध्यात्मिक जीवन में है। इसका एक आधार चाहिए और आधार यह चाहिए, विशेषकर जो पेड़ अभी लगे हैं, वे तो लगे ही हैं। वे पेड़ इतने पुराने होते जा रहे हैं कि झंझावातों में वे गिर भी सकते हैं। लेकिन वर्तमान में जो पौधे हैं, उनकी सेवा

करके या उनको सही सोल्युशन देकर या उनको खाद-पानी देकर अगर उनको परवरिश किया जाए तो एक दिन वे ही पौधे पेड़ बन जाएँगे और उनसे पर्यावरण की रक्षा होगी।

इससे मेरा तात्पर्य केवल इतना है कि पेड़ या बरगद के मतलब हमारे बुजुर्गों से है और पौधों से हमारा तात्पर्य है हमारे नौजवानों से। जब तक हम नौजवानों को अपनी भारतीय संस्कृति और सभ्यता का ज्ञान नहीं कराएँगे और वो पश्चिम से पूरब की ओर नहीं मुड़ेंगे, तब तक हम आप, संत लोग अपने प्रवचन में, नेता लोग अपने भाषण में, सामाजिक कार्यकर्ता अपनी व्यवस्थाओं में, परंपराओं में भाषण देकर केवल उसकी बात करेंगे। उसका क्रियान्वयन नहीं हो पाएगा। जब तक हम इन पौधों को, इन बच्चों को, नौजवानों को पश्चिम से पूरब की ओर मोड़ने का प्रयास नहीं करेंगे। इसके लिए हमें संत दर्शन की, संत भाषण की और संत सत्संग की आवश्यकता है। हम-आप अच्छी तरह जानते हैं कि हमारे देश में हर महीने में एक न एक पर्व पड़ता है। लेकिन उन पर्वों में लोग केवल अपनी पारिवारिक, सामाजिक परंपरा का निर्वहन करते हुए हिस्सा लेते हैं, किंतु जो संस्कृति, सभ्यता और संस्कार हैं, इनसे साक्षात्कार करने के लिए हमें महापर्वों की जरूरत होती है और ये छह वर्ष में या बारह वर्ष में 'कुंभ' जिसे हम महापर्व कहते हैं। हमने आपसे पहले भी कहा कि महापर्वों में संतों का सत्संग, संतों का प्रवचन, संतों का संरक्षण चाहिए। तो पर्वों में तो केवल अपना पारिवारिक और सामाजिक व्यवस्थाओं में ही हम चल सकते हैं।

महापर्वों में हमें एक लाभ हो सकता है कि देशभर के संत, महात्मा, महापुरुष, इस कुंभ में आते हैं और इस कुंभ में बड़े-बड़े ज्ञानी, बड़े-बड़े अज्ञानी, बड़े-बड़े आस्तिक और बड़े-बड़े नास्तिक आते हैं। अपने-अपने मंतव्य से, अपने-अपने विचारों से सब लोग कुंभ का आकलन करते हैं और उसका वे लाभ लेकर जाते हैं। मेरा मानना है आस्तिक जब कुंभ में आता है तो जिसे हम देहात नेचर के भक्त कहते हैं, वह जूता छोड़कर आते हैं, अपने पैरों में कुछ नहीं पहनते हैं कि हम कुंभ में जा रहे हैं, न मालूम किस मौके

पर किस संत के दर्शन हो जाएँ, धोखे से हम जूता पहनकर उन्हें प्रणाम न करें तो वो घर से ही जूता उतारकर के आते हैं। पवित्र होकर आते हैं। ये हैं आस्तिकता के मूल भाव। जो नास्तिक लोग आते हैं, वे वास्तव में यहाँ पर आकर संतों का सत्संग करते हैं। फर्क इतना होता है कि जो आस्तिक हैं वह बिना जूते के आते हैं, भयभीत होता है कि धर्म का खंडन न हो जाए और आस्तिक अपने जूते पहनकर आता है, लेकिन वो भगवान् को, संतों को प्रणाम करता है। अपने-अपने तरीके से सब डील करते हैं। सबसे बड़ी बात यह है कि जब हम इस महापर्व में आते हैं 'सिंहस्थ' पर्व, जिसे हम कहते हैं तो इसमें अनेकता एकता के रूप में परिणित हो जाती है। विभिन्नता अभिन्नता के रूप में परिणित हो जाती है। आपने देखा होगा, हमने भी अनुभव किया है कि भगवान् की जो कलाकृति है, वो एक जात, एक चेहरे, एक रंग-रूप का आदमी तभी आपको उनकी कलाकृति में मिलेगा, भिन्न-भिन्न प्रकार के लोग मिलेंगे, लेकिन कुंभ में जब भिन्नता है तो शारीरिक भिन्नता भी है और मानसिक भिन्नता भी है। लेकिन 'सिंहस्थ' महापर्व में सबसे बड़ी विशेषता यह है कि किसी भी प्रकार के शरीर क्यों न हों, किसी भी प्रकार का रंग-रूप न हो, इसमें एकत्व आ जाता है—

जिस्म के रंग कई, मगर बिन का प्यार है एक,
फर्क रंगों में सही, हिंद का किरदार है एक,
अलग-अलग रंगों को एक रंग बना देते हैं,
और एक होकर के सब गंगा में नहा लेते हैं।

मतलब, यह सबसे बड़ी भिन्नता अभिन्नता के रूप में परिणित होना और विविधता एकता के रूप में परिणित होना, यह महाकुंभ की सबसे बड़ी विशेषता है और इसी विशेषता के अंतर्गत जो हमारे देहाती अंचल से या शहर से जो लोग आते हैं, उन्हें भी हमने देखा है इस महापर्व में, उनमें एक बहुत बड़ी आस्तिकता जगती है और सदाचार का पाठ भी सीखते हैं। हमारे संतों की सबसे बड़ी विशेषता यह है कि संत अपने-अपने अखाड़ों में कैसे भी रहें, लेकिन जब वे महाकुंभ में आते हैं तो उनका मानसिक प्रयास होता है

कि हम एक नई पीढ़ी को, नए पौधे को ऐसी ऊर्जा दें, जिससे कि वह पौध। वृक्ष बने सके और छाया दे सके। इसलिए बहुत से संतों ने हवन-पूजन के अलावा कर्मकांडो में उपनयन संस्कार का विधान भी अपने-अपने अखाड़ों में रखा है। उपनयन संस्कार का तात्पर्य होता है, हमारे 16 संस्कारों में यज्ञोपवीत संस्कार भी महत्त्वपूर्ण माना जाता है। तो जब वो यज्ञोपवीत संस्कार करते हैं, बालक को जब यज्ञोपवीत पहनाते हैं, सिर मुढ़ा देते हैं, भिक्षा व्रत करते हैं, माता-पिता और गुरु के ऋण की व्यवस्था बताते हैं, उससे एक संस्कार का बीजारोपण उनके मस्तिष्क में होता है और धीरे-धीरे चलके वो वृक्ष सकारात्मक ऊर्जा देता है। बस यही हमारे सिंहस्थ महाकुंभ का एक बहुत बड़ा अनुदान है, देश के अवाम के लिए।

□

देश व धर्म की रक्षा है सिंहस्थ का उद्देश्य

—ध्यान योगी उत्तम स्वामी

हमारे धर्म में हर एक चीज का द्वैतवाद माना गया है। जैसे नाक एक है, पर शब्द दो हैं। कान व आँख भी दो शब्दों से मिलकर बने हैं। उसी तरह माना गया है कि देव व असुरों की संस्कृति आज से नहीं, सतयुग से, हजारों व करोड़ों वर्षों से है। देव व असुरों के बीच युद्ध-परास्तता-विजय आदि चली आ रही हैं। यही द्वैतवाद हर जगह होता है। ये अंतरंग, यानी हर इनसान के भीतर व बाहर भी होता है। इसी तरह गाँव से लेकर शहर, विश्व व सारे ब्रह्मांड के अंदर ये ही भाव चलते रहते हैं। सिंहस्थ वह उत्सव है, जिसमें देवताओं के अमृत्व को प्राप्त करते हुए अमृत कुंभ लेकर सनातन धर्म व देश की रक्षा करने का दायित्व देव पुरुष को दिया जाता है। देव पुरुष वह होता है, जो कभी किसी से कुछ नहीं लेता है, वह सिर्फ देता है, चाहे वह तन, धन, नाम, यश, पद, प्रतिष्ठा दे; वह जो भी दे, लेकिन देता है। देवपुरुष हमेशा धर्म की रक्षा करता है। इसलिए भगवान् श्रीकृष्ण स्वयं धर्म की रक्षा करते हैं और कहते हैं, यदा यदा हि धर्मस्य··· ॥ यह कुंभ उसी तरह देवत्व की उन्नति व असुरों के विनाश के लिए है। माना जाता है कि आध्यात्मिक जगत् में रहते हुए हम मनुष्यों के लिए स्वर्ग का अमृत तो नहीं है। मगर उनके लिए 'नाम अमृत' व 'कथा अमृत' है, जिसे पीकर आज भी मीरां, सूर, तुलसी आदि हमारे समक्ष जीवित हैं। इसका प्रमाण है कि जो नाम अमृत लेता है, वह कभी मरता नहीं है। शरीर मरता है—नैनं छिन्दन्ति शस्त्राणि

नैनं दहति पावकः। न चैनं क्लेदयन्त्यापो न शोषयति मारुतः॥ अर्थात् न शस्त्र छेद सकते हैं, न आग जला सकती है, न पानी गला सकता है और न हवा सुखा सकती है।

आत्मा अजर है, आत्मा अमर है, आत्मा अनंत है, आत्मा सनातन है। सिद्धांत यह प्रमाणित करता है, शरीर मरे पर नाम न मरे। इसलिए यह कुंभ निश्चित रूप से श्रेष्ठ कर्म करने के लिए है। सनातन धर्म के आद्य गुरु शंकराचार्य ने संकेत, संदेश, सिद्धि, सफलता, समाधान आदि सभी को प्राप्त हों और सामूहिक रूप से सभी अपने धर्म व संस्कृति को जानें व इसके रक्षण का काम करें, इसी सोच के साथ उन्होंने सिंहस्थ का आयोजन किया तथा नागा सेना बनाई थी, ताकि धर्म की रक्षा हो सके। यही कारण था कि हर तीन साल में किसी क्षेत्र में सिंहस्थ का आयोजन होता था, ताकि उस क्षेत्र में आताताायी, अधर्मी व राक्षसी वृत्ति का नाश करते हुए धर्म की स्थापना हो सके। शंकराचार्य, महामंडलेश्वर, संत आदि धर्म के संरक्षण का कार्य करते थे। इसलिए ये कुंभ केवल अध्यात्म का ही कुंभ नहीं है, यह उन्नति का कुंभ है। फिर चाहे उन्नति अंतरंग की हो या बाहर की। ये कुंभ केवल माला लेकर बैठने का कुंभ नहीं है। यह उतिष्ठ जागृति का कुंभ है, इसलिए पहले उठो और आँखें खोलो। यह संकेत करता है कि अपने जीवन में देश, समाज व सनातन धर्म की रक्षा के लिए भले ही प्राण भी त्याग दें। जिस तरह जटायु ने माता सीता के लिए अपने प्राण त्याग दिए। इसलिए जो आशीर्वाद दशरथ को नहीं मिला, वह जटायु को मिला। यही कारण है कि जो धर्म के लिए व देश के लिए प्राण त्याग देते हैं, उन्हें लेने स्वयं भगवान् राम आते हैं और उनका उद्धार करते हैं। इसलिए सिंहस्थ का मूल अर्थ समझें कि इसका उद्देश्य देश व धर्म की रक्षा करना है।

□

सनातन संस्कृति के सबसे बड़े पर्व सिंहस्थ से हिंदू जागरण

—भय्यूजी महाराज

'सनातन' जिसकी उत्पत्ति से लेकर अंत तक कोई भाष्य या व्याख्या करना उतना ही सरल है, जिस प्रकार से अमरत्व को प्राप्त व्यक्तित्व की या स्वरूप की स्वीकरोक्ति अथवा उसका अस्तित्व। सनातन का अर्थ ही है, 'नित्य नूतन इति सनातन' अर्थात् जो प्राचीनतम होकर भी प्रति क्षण नया है, वही सनातन है। सनातन धर्म की सर्व समावेशी संस्कृति और इसका औदार्य, जो विभिन्न संस्कृतियों की धाराओं को स्वयं में एक महासागर समान समेटकर, अपने स्वरूप को विशाल से, विशालतम करने की प्रक्रिया को, निरंतर चलायमान रखता है, इसका यही गुण इसे महान्, अद्भुत, अद्वितीय और शाश्वत बनता है। सनातन धर्म को वर्तमान में हिंदू धर्म के नाम से भी जाना जाता है और इसी हिंदू धर्म अथवा हिंदुत्व की विचारधारा तथा हिंदू संस्कृति, सनातन धर्म के उत्पन्न विचारों का एक प्रवाह है। एक ऐसा प्रवाह, जो अध्यात्म से सीधा धर्म-संवाद साधने का और उस धर्म को आचरण के रूप में परिभाषित कर, मानवीय संवेदना, जिसे हम शाब्दिक रूप में 'समाज' कहते हैं, उसका संपूर्ण निर्माण करता है। हिंदुत्व एक ऐसा दर्शन है, जहाँ राष्ट्र, समाज और मानवता का भाव ममता और वात्सल्य से निर्माण होता है, इसलिए हमारी संस्कृति मातृत्व की संस्कृति है और मातृत्व की संस्कृति होने के कारण प्रत्येक पवित्र स्थिति और अवस्था को चाहे राष्ट्र हो, चाहे समाज

हो, चाहे मानवता हो, चाहे नदियाँ हों, चाहे वृक्ष हों या गुरु हों, हम सभी को मातृत्व भाव के रूप में सम्मान देते हैं।

मातृत्व का जो सबसे प्रमुख गुण है, वह है सहिष्णुता; इसलिए वर्तमान परिप्रेक्ष्य में जहाँ सहिष्णुता और असहिष्णुता के विषय पर विवाद हो रहा हो, बहस छिड़ी हो और यह एक मुद्दा बना हो, ऐसे में असहिष्णुता का विचार रखनेवालों को, हिंदू संस्कृति का समग्र दर्शन करना चाहिए। मातृत्व का जो दूसरा प्रमुख गुण होता है, वह है सम्मान और स्वाभिमान। एक चार वर्ष के अपने नन्हे बालक को मातृत्व, सम्मान और स्वाभिमान से स्वराज्य की कैसे स्थापना की जाती है? यह राष्ट्रप्रेम, सम्मान और स्वाभिमान से ओत-प्रोत, मातृत्व सिखाता है, सिद्ध रूप में जीजा माता और छत्रपति शिवाजी महाराज इसका उदाहरण हैं। तीसरा, मातृत्व का जो श्रेष्ठतम बोध होता है, वह होता है संस्कार। मूलतः भारतीय संस्कृति को विश्व की अन्य संस्कृतियों से श्रेष्ठ इसलिए माना जाता है; क्योंकि भारतीय संस्कृति की उत्पत्ति संस्कारों से हुई है। संस्कार अर्थात् परिमार्जन अथवा शुद्ध करना। जैसे खान से निकले सोने को तपाकर शुद्ध किया जाता है, तभी उसकी उपयोगिता बढ़ती है, वैसे ही व्यक्ति जो भी कृति करता है, उसे विधिपूर्वक करे तो ही उसकी सार्थकता है, इसे ही सुनिश्चित करने को प्रक्रिया अपनाई जाती है, उसे संस्कार करना कहा गया है और यह निर्विवाद तथ्य है कि संस्कारों की जननी 'माँ' है। हमारे दैनिक जीवन के विभिन्न क्रिया-कलापों से लेकर सामाजिक जीवन तक, सभी में संस्कारों का महत्त्वपूर्ण स्थान है। हमारी दिनचर्या में प्रातः ब्रह्म-मुहूर्त में जागरण, जागरण के उपरांत भूमि-वंदना, भोजन से पूर्व प्रार्थना और उसे प्रसाद रूप में ग्रहण करने की कामना करना भी संस्कार के अंतर्गत ही आता है। शयन के समय ईश्वर का स्मरण और व्यक्तिगत जीवन में सोलह संस्कारों का प्रचलन भी भारतीय सनातन संस्कृति की ही विशेषता है।

संस्कार हमारी नैसर्गिक धरोहर हैं और हमारे मानवीय मूल्यों के प्रतीक भी हैं, इसलिए चाहे राष्ट्र संस्कार, मानवीय संस्कार या समाज संस्कार, कोई भी संस्कार हों, प्रत्येक संस्कार की उत्पत्ति मातृत्व भाव से होने के कारण,

हिंदुत्व का दर्शन, एक संपूर्ण मातृत्व का है, वात्सल्य का है, ममता का है और उसी के चलते हुए वसुधैव कुटुंबकम् हो या अनेकता में एकता हो अथवा चरित्र निर्माण की प्रक्रिया, सभी को हम मातृत्व भाव से, माँ के रूप में ही देखते हैं। हिंदू दर्शन एक संपूर्ण मातृत्व स्वरूप को लेकर प्रकट होता है और उस प्रकट भाव में विभिन्न संस्कारों का एकत्रीकरण या विभिन्न संस्कारों का एकात्मता के सूत्र में बँधना और उस संस्कार प्रक्रिया के माध्यम से सामाजिक परिवर्तन की चैतन्यता निर्माण कर, सामान्य जन में चेतना का निर्माण कर, राष्ट्र समाज और मानवता की चुनौतियों का एक ऐसा मंथन करना, जिसमें विष, रत्न आदि सभी बाहर आने के पश्चात्, इन चुनौतियों को विचार और अपने सार्थक कर्मों से कैसे उत्तर दिया जा सकता है? इसकी अमृत प्राप्ति का जो पर्व है, वह 'कुंभ' है।

कुंभ एक मेला नहीं, कुंभ एक परंपरा नहीं; अपितु कुंभ एक संपूर्ण व्यवस्था है, जो विष का शमन कर अमृत पान कराने का 'योग' प्रदान करती है। इसलिए कुंभ राष्ट्र-चिंतन, सामाजिक-चिंतन, मानवीय मूल्यों के चिंतन का, एक ऐसा स्वरूप है कि जिसके द्वारा हम सामाजिक विकृतियों, आडंबरों और कुरीतियों को दूर कर, प्रत्येक बारह वर्षों में, समाज की आवश्यकता तथा मानवीय मूल्यों की आवश्यकताओं को समझकर, सही परिप्रेक्ष्य में हम सुधार कर सकें। वह शरीर क्या जो अस्तित्व न जाने? वह आत्मा क्या जो विरक्ति न जाने? आत्मा से शरीर के मिलन का, अपने अस्तित्व का निर्माण करते हुए, संपूर्ण विरक्त किस प्रकार रहा जा सकता है? इसका संपूर्ण दर्शन 'हिंदुत्व' है और उस हिंदुत्व का जो सूर्य समान प्रखर, तेजस्वी और देदीप्यमान प्रकटीकरण है, वह कुंभ है। सर्वविदित है कि देश के चार स्थानों पर कुंभ महापर्व का आयोजन प्रत्येक बारहवें वर्ष किया जाता है और उसे कुंभ मेला कहा जाता है; किंतु सिंह राशि में बृहस्पति एवं मेष राशि में सूर्य का प्रवेश होने पर यह पर्व उज्जैन में होता है, इसलिए इसे सिंहस्थ भी कहा जाता है। प्रकट अथवा प्रत्यक्ष रूप में कुंभ अथवा सिंहस्थ के आयोजन के अनेक उद्देश्य हैं, जैसे—पुण्य-प्राप्ति, ज्ञानार्जन, सत्संग-लाभ, तीर्थाटन आदि। सनातन

संस्कृति के मुख्य अध्यात्म शास्त्रीय सिद्धांतों में से एक सिद्धांत, कर्मफल न्याय सिद्धांत भी है; अत: व्यक्ति जैसा कर्म करता है, वही प्रतिफल रूप में उसे मिलता है। इसलिए अधिकाधिक पुण्य प्राप्त करने की क्रियाओं पर, प्रत्येक उस व्यक्ति का ध्यान रहता है, जो सनातन धर्म तथा इसके मूल्यों में विश्वास रखता है। पौराणिक कथाओं के अनुसार समुद्र-मंथन पश्चात् सुर-असुरों में अमृत वितरण के विवाद उपरांत, अमृत-कलश से कुछ बूँदें जिन-जिन स्थानों पर गिरी थीं, वहाँ कुंभ मेला आयोजित किया जाता है और वहाँ तीर्थाटन तथा उस अवधि में वहाँ स्नान करने से पुण्य-प्राप्ति होती है; परंतु इसका अप्रत्यक्ष उद्देश्य 'गूढ़' है, जिसे समझे बिना भी इसका लाभ सामान्यजन को मिलता रहा है।

हमारी सनातन संस्कृति के पुरोधा, दूरदृष्टि संपन्न ऋषि-मुनि, समय-समय पर इस कालजयी संस्कृति पर होनेवाले आघातों से रक्षण हेतु एक व्यवस्था का निर्माण कर गए हैं। इसी क्रम में जब मध्यकाल में, आसुरी शक्तियाँ व विदेशी आक्रांता वैदिक सनातन धर्म संस्कृति तथा परंपराओं का विनाश करने में लगे थे, तब आद्य जगद्‌गुरु शंकराचार्य ने शास्त्रार्थ और शास्त्र के द्वारा वैदिक धर्म परंपराओं एवं मान्यताओं का रक्षण कर, वैदिक सनातन धर्म को पुनर्स्थापित किया। शास्त्रार्थ से समझ, सद्‌भावना व संचेतना समृद्ध होती है; परंतु इस समझ, सद्‌भावना व संचेतना के प्रवाह को भी निरंतरता की आवश्यकता है। शास्त्रार्थ की सार्थकता तथा उसकी लक्ष्य-प्राप्ति हेतु उपयुक्त स्थान, उपयुक्त विद्वान्, उपयुक्त वातावरण की आवश्यकता होती है, साथ ही शास्त्रार्थ के मंथन से प्राप्त ज्ञान रूपी 'अमृत' का समाज में वितरण, और यह वितरण समान रूप में देश के कोने-कोने में हो; इस हेतु तत्कालीन कालानुसार जो सर्वश्रेष्ठ माध्यम था, वह है 'कुंभ महापर्व'। यद्यपि तकनीक एवं संप्रेषण के साधनों की बहुतायत के युग में भी कुंभ की प्रासंगिकता तथा सार्थकता न्यून नहीं होती, अपितु और भी अधिक बढ़ गई है, क्योंकि हम यह समझ ही नहीं पाए हैं कि इन साधनों से हम एक-दूसरे के निकट आए हैं या हमारी परस्पर दूरियाँ और बढ़ गई हैं। किंतु कुंभ जैसे महापर्व

हमारी इन दूरियों को मिटाने का सामर्थ्य निश्चित रूप से रखते हैं। जब हम अपने-अपने आधुनिक संप्रेषण यंत्रों के साथ घर में होते हैं, तब भी अपने ही आभासी संसार में, समूह का भ्रम लिये, एकाकी ही होते हैं। जबकि कुंभ जैसे महापर्व में परिवार तथा मित्रों के साथ पवित्र स्नान हेतु एक साथ डुबकी लगाना, यथार्थ में हमें एक परिवार के रूप में जोड़ता है। यह सामान्य सी, किंतु अत्यंत प्रभावकारी विशेषता है, जो कुंभ हमें प्रदान करता है।

भारतवर्ष जैसे राष्ट्र की सांस्कृतिक विशेषताओं तथा विभिन्नताओं को देखते हुए इसे एकसूत्र में बाँधने की कल्पना को साकार रूप भी कुंभ मेले से ही मिलता है। चार स्थानों पर कुंभ परंपरा प्रारंभ करने का श्रेय आद्य गुरु शंकराचार्य को ही दिया जाता है। यह स्वाभाविक भी लगता है; क्योंकि आद्य गुरु शंकराचार्य ने भारत के चार कोनों पर चार धामों की स्थापना की, जिसके कारण चार धाम की तीर्थयात्रा का प्रचलन हुआ। मान्यता यह भी है कि उन्होंने ही भारत की संतशक्ति को संगठित किया और भारतीय समाज के प्रत्येक वर्ग में धर्म-चेतना जगाने का दायित्व उन्हें सौंपा। इसक पीछे राष्ट्र की सांस्कृतिक चेतना, एकता तथा एकात्मता को जाग्रत् करने एवं सुदृढ करने का दृष्टिकोण निहित था। सिंहस्थ के अप्रत्यक्ष तथा गूढ़ उद्देश्यों में से एक अन्य उद्देश्य है, हिंदू जागरण और हिंदू जागरण ही हिंदुत्व की मूल-भावना है। 'हिंदू' केवल एक शब्द नहीं है, अपितु यह एक विराट् स्वरूप लिये, स्वयं में महान् परंपराओं तथा इतिहास को आत्मसात् किए हुए, एक सार्वभौम संस्कृति के उदात्त प्रकाश को प्रसारित करता ऐसा सूर्य है, जो मानवीय सभ्यता को अनंत युगों से प्रकाशित कर रहा है। इसी हिंदू शब्द को अपने अस्तित्व से ऊर्जा प्रदान करनेवाली मानवीय सभ्यता तथा इसके वाहक 'हिंदू' हैं। इन्हीं हिंदुओं का जागरण और उनमें अपनी परंपराओं के अनुरूप, चेतना का संप्रेषण भी 'सिंहस्थ' जैसे महापर्वों के माध्यम से ही होता है।

सिंहस्थ जहाँ विभिन्न साधना मार्गों से साधना करनेवालों का एकत्रीकरण होता है, संवाद होता है, वहाँ सामान्य व्यक्ति की जिज्ञासा का समाधान भी सहज ही हो जाता है। यह समाधान उसे एक संतुष्टि प्रदान करता है और यह

संतुष्टि, श्रद्धा और विश्वास का रूप ले लेती है, जिसकी परिणति समष्टि रूप में, अन्य व्यक्तियों तक हिंदुत्व का प्रसार करने की प्रेरणा तथा शक्ति प्रदान करती है, यही वास्तविक हिंदू जागरण है। हिंदू को आर्य भी कहा गया है और आर्य का शाब्दिक अर्थ होता है—श्रेष्ठ। वेद भी कहता है—'कृण्वन्तो विश्वं आर्यम्' अर्थात् सभी (संपूर्ण विश्व को) को श्रेष्ठ बनाएँगे। यह श्रेष्ठता आवरण से नहीं, आचरण तथा अंत:करण से अभिव्यक्त होना चाहिए। हम हिंदू शब्दानुसार 'हीनानि गुणानि दुष्यति इति हिंदू' अर्थात् स्वयं के हीन गुणों को दूर कर हिंदू बनें और दूसरों को भी बनाएँ! यथार्थ रूप में हिंदू होना श्रेष्ठता का परिचायक है। यदि विश्व का प्रत्येक व्यक्ति अपने दुर्गुणों को दूर कर 'आर्यत्व' को प्राप्त करले तो उसकी आत्मिक उन्नति में किसी भी प्रकार का संशय हो ही नहीं सकता, फिर चाहे वह किसी भी धर्म, पंथ, संप्रदाय, साधना-मार्ग का ही अनुयायी क्यों न हो? व्यक्ति अपने षड्रिपुओं काम, क्रोध, लोभ, मोह, मद और मत्सर पर विजय पा ले तो उसकी व्यक्तिगत, भौतिक, व्यावहारिक, सामाजिक तथा सभी प्रकार की समस्याओं का अंत हो जाएगा और श्रेष्ठता को वास्तविक रूप में प्राप्त कर लेगा। श्रेष्ठता के इसी भावरूपी अमृत को पाने की प्रक्रिया का मंथन भी सिंहस्थ में ही होता है और यह भी हिंदू जागरण का ही प्रतीक है।

सिंहस्थ कुंभ जैसे महापर्वों का आध्यात्मिक ही नहीं वरन् सामाजिक एवं राष्ट्रीय महत्त्व भी है। हमारा भारत जो महानगरों तथा नगरों से अधिक ग्रामों में बसता है, वहाँ के परिवेश में पलनेवालों के लिए भी कुंभ अपनी उपयोगिता सतत सिद्ध करता रहा है। इसी कुंभ के माध्यम से समाज के प्रत्येक वर्ग को प्रभाव में लाने के लिए, प्रत्येक वर्ग के साथ न्याय करने के लिए, संपन्नता और विपन्नता का भेद मिटाने के लिए, समता और समरसता को परिभाषित करने के लिए, राष्ट्रवाद का, समाजवाद का शंखनाद करने के लिए, आवश्यकता है कि शिक्षा, स्वास्थ्य और धर्म, यह अंतिम व्यक्ति तक सरलतम पद्धति से पहुँचे और कुंभ के माध्यम से हम परिवर्तन का स्वरूप सामने लेकर आ सकते हैं और हमें लाना है। आज हमें समस्याओं का

समाधान खोजना होगा और ऐसा पर्व, जहाँ लाखों-करोड़ों लोग आस्था के साथ आते हों, उनकी समस्याओं का स्थायी समाधान, यदि कुंभ के माध्यम से हो तो कुंभ की सार्थकता और बढ़ सकती है। जैसे कृषि विकास, ग्रामीण विकास, पशु संवर्धन, जल का नियोजन, पर्यावरण संतुलन, मातृशक्ति पर हो रहे अनेक प्रकार के अत्याचार हों, समाज में बढ़ती व्यभिचारिता हो, कुठाराघात हों, उसपर प्रहार करनेवाले विचार और कार्यों का प्रदर्शन, जिसका लाभ धर्म के साथ हमारे सांसारिक जीवन में भी श्रद्धावान को प्राप्त हो, ऐसे कार्य करने की आवश्यकता है और इस आवश्यकता की पूर्ति सहज रूप से कुंभ के माध्यम से हो सकती है।

कुंभ महापर्व सनातन संस्कृति के उद्‌भव का भी माध्यम है। सनातन संस्कृति की व्यापकता को समझने के लिए इस संस्कृति द्वारा 'वसुधैव कुटुम्बकम्' की अवधारणा तथा 'सर्वे भवन्तु सुखिनः' की प्रार्थना का उदाहरण ही पर्याप्त है। सनातन संस्कृति के सिद्धांत इसे महानता और अमरत्व प्रदान करते हैं। एक ओर जहाँ विश्व में अनेक प्राचीन और नवीन संस्कृतियाँ विद्यमान हैं, कई संस्कृतियाँ समय-समय पर उत्पन्न हुईं और काल के गाल में समा गईं, वहीं सनातन संस्कृति आज भी अपने मूल रूप में विद्यमान है। यद्यपि इस संस्कृति की आत्मा पर विकृतियों का आवरण चढ़ा हुआ दिखाई देता है, तथापि इसकी जीवंतता में कोई न्यूनता (कमी) नहीं आई है। जहाँ तक आवरण की बात है, तो उस आवरण को उतारने हेतु प्रयास सदैव होते ही रहे हैं, इसी कारण यह आज के ऐसे युग में भी चैतन्यता लिये विद्यमान है, जिस युग में अन्य संस्कृतियाँ केवल आत्म-केंद्रित हों, हिंसा के क्रूरतम स्वरूप के साथ मात्र अपने मत की स्थापना में लगी हुई हैं और विश्व के साथ ही संपूर्ण मानवता के लिए भी घोर संकट बन गई हैं। ऐसे समय सनातन संस्कृति की विश्व-पटल पर भूमिका सर्वाधिक महत्त्वपूर्ण हो जाती है; क्योंकि अन्य संस्कृतियाँ केवल मानवीय मूल्यों की बात करती हैं और उसे अपनी महानता समझती हैं। वहीं सनातन संस्कृति मानव और मानवता से भी आगे, संपूर्ण विश्व के मंगल की कामना करती है। केवल मानव ही

नहीं, पशु-पक्षी, जलचर, नभचर, जड़-चेतन, सजीव तथा निर्जीव सभी के प्रति कृतज्ञता का भाव रखना सिखाती है; क्योंकि इस संस्कृति का मूल तत्त्व मातृत्व भाव है। यह सभी में उस एक परमात्मा के स्वरूप ब्रह्म का दर्शन करना सिखाती है।

मानवीय मूल्यों का संरक्षण, विचारों की परिपक्वता, भाषा की सौम्यता एवं उच्चता, आदर्श समाज रचना तथा जीवन पद्धति का समुचित मार्गदर्शन इस संस्कृति के वैशिष्ट्य को दरशाते हैं। भोग यदि अनिवार्य है तो सनातन संस्कृति त्यागमय भोग के मार्ग का अनुसरण करने को कहती है और दातुन हेतु भी वृक्ष की शाखा तोड़ने के पूर्व वृक्ष से प्रार्थना कर उसकी अनुमति लेने और वृक्ष के प्रति भी कृतज्ञता ज्ञापित करने का भाव इस सनातन संस्कृति में अतर्निहित है। सनातन संस्कृति प्रकृति के प्रति करुणा का जो भाव रखती है, उसका एक उदाहरण है कृषि। यदि हम गेहूँ का उदाहरण लें तो इस तथ्य से सभी परिचित ही है कि जो अन्न खेतों में उत्पन्न करते हैं, उसपर संपूर्ण अधिकार नहीं रखते; अपितु उसपर दूसरों का भी अधिकार है, जैसे उर्वरक के रूप में खेत का, चारे के रूप में पशुओं का, आहुति के रूप में अग्निदेव का, दानों के रूप में पक्षियों का, आटे के रूप में चींटियों का, रोटी के रूप में गोमाता, श्वानों (कुत्तों) आदि सभी का अधिकार मानते हैं, यह भी इस सनातन संस्कृति की विशेषता है। इसी यज्ञमय संस्कृति के अपनी संपूर्ण विराटता तथा समग्रता के साथ कुंभ महापर्व में दर्शन होते हैं। चारों ओर यज्ञ, अन्नक्षेत्र, जिसमें स्नेहपूर्वक, आग्रहपूर्वक यात्रियों को बुलाकर भोजन करवाना, इस शाश्वत संस्कृति के मूल्यों के प्रकटीकरण को सिद्ध करता है। इस संस्कृति के शाश्वत तत्त्व को अक्षुण्ण रखने में महत्त्वपूर्ण योगदान देते हैं 'कुंभ' जैसे महापर्व और सनातन संस्कृति के उद्‌भव के लिए कुंभ महापर्व की यही उपादेयता है।

□

सिंहस्थ कुंभ महापर्व : हिंदुत्व का महोत्सव

—राष्ट्रऋषि लाहिड़ी गुरुजी

हिंदुत्व अर्थात् हिंदू धर्म का सार तत्त्व, हिंदुत्व भारत इस देवभूमि के आध्यात्मिक ज्ञान, भारत की ऋषि संस्कृति की सर्वोच्च अभिव्यक्ति है। जब मनुष्य हिंदुत्व के मूल्यों को दृढ निश्चय के साथ अपने जीवन में धारण करता है, जब मनुष्य अपने मन के निर्बल एवं क्षणिक आवेग में न फँसकर, स्थितप्रज्ञता से निरंतर हिंदुत्व साधना अपने जीवन में क्रियान्वित करता है, तब निश्चित ही मनुष्य अपने तुच्छ प्रवृत्तियों, जैसे कि स्वार्थ, स्वनिर्मित आत्मघाती भय, आलस्य, जड़ता, उदासीनता, मैं-पन अहंकार के ऊपर उठ पाता है एवं अपने वास्तविक स्वरूप, अपने भीतर के ईश्वरतत्त्व को सतत प्रगाढ़ कर पाता है।

अब महत्त्वपूर्ण विषय यह है की हिंदुत्व के मूल्य, संस्कार क्या हैं एवं हिंदुत्व साधना को साधने का लक्ष्य क्या है? हिंदुत्व के मूल्यों, संस्कारों को तत्त्वत: इस प्रकार से अभिव्यक्त किया जाता है—स्वयं को सामर्थ्यवान बनाते हुए अपने सामर्थ्य का उपयोग निस्स्वार्थ भाव से, निर्भीक भाव से, निरहंकार भाव से हिंदू समाज के हर पिछड़े व्यक्ति के आध्यात्मिक, सामाजिक, आर्थिक, राजनैतिक सशक्तीकरण में करना। इसके साथ ही हिंदू समाज से जातिगत भेदभाव, भाषागत, प्रांतगत भेदभाव या अन्य किसी भी प्रकार के भेदजनक दुष्प्रवृत्तियों से परे उठकर संपूर्ण हिंदू समाज को अखंड रूप से संगठित करना एवं धर्म-राष्ट्र-संस्कृति को क्षति करनेवाले कुत्सित तत्त्वों का नाश

यह आध्यात्मिक संकल्प, संस्कार एवं मूल्य हिंदुत्व को तत्त्वत: परिलक्षित करती है।

इसी हिंदुत्व साधना को सिद्ध आपका यह हिंदुत्व अभियान कर रहा है। हिंदुत्व अभियान साधना का लक्ष्य है सबकी सहकारिता के माध्यम से सबका सशक्तीकरण, जिसके मूल में है रामतत्त्व साधना, कृष्णतत्त्व साधना व जिसके तीन महत्त्वपूर्ण आध्यात्मिक आयाम हैं—शक्ति साधना, शौर्य साधना एवं संगठन साधना। हिंदुत्व साधना के इन तीन आध्यात्मिक आयामों में सिंहस्थ कुंभ महापर्व जिस आध्यात्मिक आयाम को सबसे कुशलता एवं प्रबलता से प्रतिबिंबित करता है, वह है संगठन साधना तथा इस परिप्रेक्ष्य में रामतत्त्व साधना एवं कृष्णतत्त्व साधना अत्यंत संबद्ध हो उठती है, जो कि निम्नलिखित है—

रामतत्त्व साधना

रामतत्त्व साधना अर्थात् प्रभु श्रीराम ने अपने जीवन में हिंदुत्व साधना को जिस प्रकार सिद्ध किया, वह समग्र धर्म राष्ट्र संस्कृति साधना रामतत्त्व साधना है, जो कि इस प्रकार है—प्रभु श्रीराम का जन्म एक राजघराने में हुआ। कोई सामान्य सांसारिक व्यक्ति यदि उनके समान सर्वसंपन्न परिस्थितियों में जन्म लेता तो संभवत: उसका मन भोग-विलास, स्वार्थपूर्ण जीवन में लिप्त रहता, किंतु प्रभु श्रीराम ने ऐसा कदापि नहीं किया। प्रभु श्रीराम ने हिंदू समाज के सामाजिक एवं आर्थिक रूप से पिछड़े भाई-बहनों की पीड़ा को सदा स्वयं के हृदय में अनुभूत किया।

उनके कष्टों को दूर करके उन्हें सशक्त कर सके इस हेतु प्रभु श्रीराम ने स्वयं को सर्वरूपेण सामर्थ्यवान बनाया, महर्षि वसिष्ठजी से वेद उपनिषद्, अर्थशास्त्र, राजनीतिशास्त्र आदि का गूढ़ ज्ञान प्राप्त किया; महर्षि विश्वामित्रजी से अस्त्र-शस्त्र में सर्वश्रेष्ठ निपुणता प्राप्त की। इसके पश्चात् उन्होंने अपने सामर्थ्य का अहंकार नहीं किया, अपने सामर्थ्य का उपयोग तुच्छ स्वार्थी प्रयोजनों में नहीं किया, अपितु उन्होंने अपनी हिंदुत्व साधना लीला से चौदह वर्ष का वनवास धारण करके उत्तर भारत से दक्षिण भारत तक की पदयात्रा

की तथा हिंदू समाज का जो आदिवासी, दलित पीड़ित शोषित वर्ग था, उनके सशक्तीकरण में स्वयं को समर्पित किया।

उनके तप:जीवन के हर प्रसंग से जातिगत अथवा किसी भी प्रकार के भेदभाव से मुक्त, संपूर्ण हिंदू एकात्मता प्रबलतापूर्वक परिलक्षित हो उठता है; उदाहरण के लिए माता शबरी के जूठे बेर खाने का प्रसंग। माँ शबरी, जो कि महा दलित थी, उनके जूठे बेर ग्रहण करके प्रभु श्रीराम ने यह बताया कि हिंदुत्व साधना में किसी भी प्रकार के भेदभाव का कोई स्थान नहीं। उसी प्रकार आदिवासी निषाद समाज के साथ एकात्मता स्थापित करके प्रभु श्रीराम ने पुन: हिंदू एकात्मता का संदेश अपनी जीवन-साधना से उजागर किया।

हिंदू समाज को प्रभु श्रीराम ने इस प्रकार संगठित व सशक्त किया कि इसी संगठन साधना ने भगवान् हनुमान जैसे श्रेष्ठ हिंदू तत्त्व साधक निर्मित किए एवं इसी हिंदू संगठन ने रावण रूपी अधर्म की सर्वोच्च शक्ति को नष्ट कर दिया। इससे हमें यह तत्त्वबोध होता है कि निस्स्वार्थ-निर्भीक-निरहंकार हिंदुत्व साधना से हर मनुष्य के भीतर निहित रामतत्त्व जाग्रत् किया जा सकता है। इसी हिंदू संगठन साधना की अभिव्यक्ति की मानसिकता धारण करने से तुम सिंहस्थ कुंभ महापर्व की यथार्थ आध्यात्मिक सार्थकता को सिद्ध कर सकते हो।

कृष्णतत्त्व साधना

इस बार सिंहस्थ कुंभ महापर्व महाकाल नगरी उज्जैन में घटित हो रहा है। इसी देवनगरी में प्रभु श्रीकृष्ण ने महर्षि सांदीपनि के मार्गदर्शन में अपनी आध्यात्मिक साधना को सिद्ध किया था। अत: कृष्णतत्त्व साधना इस सिंहस्थ महापर्व में और अधिक प्रासंगिक हो उठता है। प्रभु श्रीकृष्ण ने सदा धर्म की रक्षा हेतु शौर्य साधना, संघर्ष साधना एवं इस को सिद्ध करने के लिए रणनीति कौशल व सैन्य तैयारी के गुणों को धारण किया।

उन्होंने कारावास में जन्म लेकर हर प्रसंग से, जैसे पूतना वध, कंस वध अथवा महाभारत में सद्शक्तियों को संगठित करके अधर्म का नाश करने का

प्रसंग हो, सदा उन्होंने हिंदुत्व साधना को सर्वोपरि रखते हुए हिंदुत्व-हित में सद्शक्तियों को संगठित व संवर्धित किया एवं विधर्मी तत्त्वों का जड़मूल नाश किया, चाहे वे उनके अपने संबंधी क्यों न रहे हों। भगवद्गीता का उद्भव भी तो रणभूमि में ही धर्म युद्ध के समय हुआ था।

इससे हमें यह तत्त्वबोध होता है कि जब हम हिंदुत्व साधना सिद्ध करते हुए रणभूमि में उतरेंगे, जब राष्ट्र विरोधी, धर्म विरोधी तत्त्वों का कदापि तुष्टीकरण नहीं करेंगे, तभी हम अपने स्वनिर्मित आत्मघाती भय पर विजय प्राप्त कर पाएँगे, तभी हमें भगवद्गीता का अमृत ज्ञान प्राप्त हो पाएगा, तभी हम कृष्णतत्त्व साधना वास्तव में जी पाएँगे। आलस्य से आध्यात्मिक विकास न होगा। हिंदुत्व के प्रति उदासीन होकर, स्वार्थ स्वनिर्मित आत्मघाती भय व अहंकार में लिप्त होकर हमें ईश्वर नहीं मिलेगा, चाहे कितने भी कर्मकांड कर लें।

प्रभु श्रीकृष्ण ने यही तो संदेश दिया अपने तप:जीवन से कि जब तक धर्म अर्थात् हिंदुत्व सुरक्षित है, तब तक तुम सुरक्षित हो, भारत सुरक्षित है। 'परित्राणाय साधुनाम विनाशाय च दुष्कृताम्' हमेशा स्मरण व धारण रखना।

आपके हिंदुत्व अभियान ने इस हिंदुत्व साधना को वर्तमान में मध्य प्रदेश के मंडला डिंडोरी आदि क्षेत्रों के पिछड़े व वनवासी क्षेत्रों में सिद्ध कर रहा है।

1. दुग्ध महासाधना के माध्यम से आदिवासी महिलाओं व बच्चों में कुपोषण मिटाकर मानव विकास सूचकांक (Human Development Index) में सुधार। बच्चों की अच्छी सेहत से माताएँ घरों से निकलकर रोजगार में संलग्न हो पाएँगी।
2. पशुधन विकास से आर्थिक सशक्तीकरण।
3. सहकारिता से आर्थिक विकास के प्रकल्प। हिंदुत्व अभियान जन अभियान है, अत: सभी लोगों के सहकारिता से सशक्तीकरण सिद्ध किया जाता है। साथ ही इसमें प्रशासन एवं राजनैतिक संस्थान, जो की स्थानीय स्तर से उच्चतम स्तरों तक विद्यमान है, उन्हें भी

एकात्म किया जाता है, ताकि समाज के सबसे पिछड़े वर्ग, विशेषकर दलित आदिवासी एवं पिछड़े वर्ग को सशक्त किया जा सके एवं न्याय भी दिलाया जा सके।

4. जबलपुर चैंबर ऑफ कॉमर्स में लघु एवं मध्यम उद्योग के क्षेत्र से उद्योगपतियों के बीच उद्‍बोधन, जिसमें यह तत्त्वबोध किया गया कि किस प्रकार उद्यमिता (Entrepreneurship) एवं नवाचार (Innovation) के माध्यम से हिंदू समाज के सामाजिक एवं आर्थिक रूप से पिछड़े वर्ग विशेष कर दलित, आदिवासी एवं पिछड़ा समाज का सामाजिक एवं आर्थिक उन्नयन।
5. माँ नर्मदा के जल का शुद्धीकरण एवं बूँद सिंचाई प्रकल्प।
6. बड़ा देव मंदिर निर्माण एवं मंदिर जीर्णोद्धार से मंदिरों को समग्र शक्ति केंद्र के रूप में विकसित करना।
7. महाआरती से महासंगठन—हिंदू धर्म में महाआरती सदा से ही हिंदू समाज के आध्यात्मिक विकास, संगठन का माध्यम रहा है। हिंदुत्व अभियान महाआरती के माध्यम से हिंदू समाज के सामाजिक रूप से पिछड़े वर्ग को विशेष रूप से समाज में भागीदारी व नेतृत्व सुनिश्चित करती है। महाआरती के साथ नवचरण गायत्री महासाधना भी नियमित सामूहिक रूप से अभ्यास कराई जाती है, जिससे मनुष्य अपनी तुच्छ प्रवृत्तियों, नकारात्मकताओं से ऊपर उठ पाता है एवं सतत आध्यात्मिक उन्नयन से अपने भीतर के ईश्वरतत्त्व से एकात्म हो पाता है।
8. शिक्षा प्रकल्प, जिसमें सांस्कृतिक शिक्षा के साथ वैज्ञानिक, औद्योगिक शिक्षा भी प्रदान की जाती है।

इस प्रकार मंडला महासाधना में सेवा सशक्तीकरण के प्रकल्पों के माध्यम से हिंदुत्व साधना के तीन महत्त्वपूर्ण आयाम शक्ति साधना, शौर्य साधना एवं संगठन साधना सिद्ध होते हैं।

सिंहस्थ कुंभ महापर्व भी इसी आध्यात्मिक संगठन साधना व सेवा साधना

की आध्यात्मिक साधना का महापर्व है। इस सिंहस्थ साधना के साथ जुड़ा एक और प्रसंग इस प्रकार है—बौद्ध आध्यात्मिक ग्रंथ, अंगुत्तर निकाय में अवंति का उल्लेख आता है, जिसकी राजधानी उज्जैन थी। भगवान् बुद्ध का अवंति राज्य से आध्यात्मिक संबंध रहा। आद्यशक्ति माँ भगवतीजी की लीला से इस बार सिंहस्थ भी उज्जैन में आयोजित हो रहा है। हिंदुत्व साधना के संगठन व सेवा साधना से सशक्तीकरण के तत्त्व को बुद्धत्व के माध्यम से अभिव्यक्त किया जा सकता है, जो सिंहस्थ कुंभ महासाधना से अत्यंत गहरे में संबंधित है। भगवान् बुद्ध ने समाज सेवा, संगठन एवं आध्यात्मिक समरसता हेतु स्वयं को समर्पित किया एवं इसी सेवा संगठन साधना को निर्वाण का पथ बताया। यह इसी आध्यात्मिक संगठन साधना का, हिंदुत्व महासाधना का पर्व है।

सिंहस्थ कुंभ महापर्व समुद्र मंथन, जिससे अमृत कुंभ का उद्‌भव हुआ था, उससे विशेष रूप से परिलक्षित होता है। इसके आध्यात्मिक अर्थ को समझे समुद्र मंथन में धर्म हित में देवशक्तियों के संगठन साधना से विधर्मी तत्त्वों को परास्त कर अमृत प्राप्त किया। इसी आध्यात्मिक संगठन साधना रूपी अमृत की बूँदें, जहाँ गिरी वहाँ सिंहस्थ कुंभ महापर्व आयोजित होती है।

इस आध्यात्मिक संगठन साधना की महत्ता को चिह्नित व रेखांकित करते हुए, अतैव सिंहस्थ में आध्यात्मिक संगठन साधना जिसके आधार में शौर्य साधना तथा जिसके माध्यम से शक्ति साधना को सिद्ध किया जा सकता है। आपके हिंदुत्व अभियान की मूलभूत विशेषता यह है कि यह किसी व्यक्तिविशेष का संगठन नहीं है, अपितु यह हर व्यक्ति का जन अभियान है। उपर्युक्त सशक्तीकरण प्रकल्पों को सिद्ध करने का आधार है सबकी सहकारिता, जिसके मूल में है निस्स्वार्थ, निर्भीक, निरहंकार हिंदुत्व साधना।

उदाहरण के लिए उपर्युक्त प्रकल्पों को सिद्ध करने के पूर्व हिंदुत्व अभियान के शिष्य गण योजनाबद्ध रूप से क्षेत्र के हर हिस्से जाकर स्थानीय समाज में साधक शिष्य निर्माण शिविर आयोजित करते हैं, जिसमें निस्स्वार्थ निर्भीक निरहंकार रामतत्त्व कृष्णतत्त्व साधना के आधार पर हिंदुत्व साधना के संस्कारों से स्थानीय समाज को एकात्म किया जाता है। तत्पश्चात् उसी

स्थानीय समाज में से श्रेष्ठ साधकगण निर्मित कर सशक्तीकरण के ध्वजवाहक के रूप में उन्हें पिछड़े दलित आदिवासी शोषित भाई–बहनों के बीच साधनारत किया जाता है, जिससे कि क्षेत्र का विकास उसी क्षेत्र के लोगों की सहभागिता एवं सहकारिता से ही किया जाता है।

साथ ही वहाँ समाज में नियमित रूप से महाआरती का आयोजन किया जाता है, जिसमें सामाजिक एवं आर्थिक रूप से पिछड़े जैसे दलित आदिवासी आदि वर्गों का विशेष नेतृत्व होता है। इससे समग्र आध्यात्मिक, सामाजिक, आर्थिक एवं राजनैतिक सशक्तीकरण जमीनी स्तर तक पहुँचती है, समाज के सबसे पिछड़े तबके का समग्र विकास होता है, जिससे की अंत्योदय सिद्ध होता है। इस संगठन साधना से हिंदू समाज आध्यात्मिक रूप से चैतन्य होता है, जातिगत भेदभाव, भाषागत भेदभाव, प्रांतगत भेदभाव आदि हर विघटनकारी प्रवृत्ति से ऊपर उठकर शुद्ध रूप से निस्स्वार्थ निर्भीक निरहंकार हिंदुत्व साधना के सूत्र में एकात्म व संगठित होता है।

यही इस महापर्व के आध्यात्मिक पर्व सिंहस्थ कुंभ महापर्व के मूल तत्त्व संगठन साधना को सिद्ध करने का माध्यम है, अर्थात् सहकारिता। वस्तुतः सिंहस्थ कुंभ महापर्व का आध्यात्मिक लक्ष्य हिंदू समाज को जातिगत भेदभाव, भाषागत भेदभाव, प्रांतगत भेदभाव, व्यक्तिगत कारणों से भेदभाव या मनमुटाव तथा अन्य किसी भी प्रकार की दुष्प्रवृत्ति या दुर्गुण जो हिंदू समाज को आपस में बाँटती हो, हिंदू अस्मिता को खंडित करती हो, राष्ट्र की सुरक्षा के लिए हानिकर हो ऐसे हर विकृतियों को जन मानस से जड़मूल नष्ट कर संपूर्ण समाज को संगठित, एकात्म व अपनत्व से परिपूर्ण करने का आध्यात्मिक महापर्व है।

जब हम इस भावना से इस महाकुंभ में सम्मिलित होंगे तो निश्चित ही माँ शिप्रा नदी के आशीर्वाद स्वरूप हिंदू समाज में समग्र संगठन साधना का अमृत प्रवाहित हो चलेगा।

ॐ नमः शिवाय!

□

सनातन संस्कृति के सबसे बड़े पर्व सिंहस्थ में हिंदुओं का जीवन-प्रबंधन

—पंडित विजयशंकर मेहता

विश्व में धर्म को लेकर आज कई प्रकार की भ्रांतियाँ फैलने लगी हैं। बिना शब्द व उसके व्यापक अर्थ की गहराई में उतरे हर कोई अपने हिसाब से धर्म की व्याख्या करने लगा है। परिणाम यह होता है कि अपने आप में एक गहन अर्थ और उच्च जीवन शैली को सँजोए 'धर्म' शब्द को लोग किसी संप्रदाय विशेष से जोड़कर देखते हुए इसे संकुचित कर देते हैं। कुल मिलाकर धर्म की समूची परिभाषा ही गलत कर ली गई है। इस दौर में तो 'धर्म' शब्द को सुनते ही लोगों के मन में सांप्रदायिकता का भाव पैदा होने लगता है। यहाँ तक कि पढ़े-लिखे और प्रगतिशील लोग भी धर्म का मतलब कट्टरपंथ समझने लगे हैं, जबकि धर्म का अर्थ बड़ा व्यापक है। गहराई में उतरकर देखा जाए तो धर्म का एक मात्र अर्थ है मानवता। एक जीवनशैली, जिसमें मनुष्य के विकास व उत्थान के सार तत्त्व बसे होते हैं। मनुष्य किसी भी क्षेत्र का हो, यह तो तय है कि उसके भीतर जो कुछ भी श्रेष्ठ है, उन सबका नाम धर्म है। जो बातें मनुष्यता को ऊँचा उठा सकती हैं, उन सबके योग का नाम धर्म है। धर्म से हटकर मानवता अपने उद्देश्य खो देगी। 'हिंदू' शब्द के साथ भी ऐसा ही है। यह धर्ममात्र नहीं बल्कि एक जीवनशैली है, एक समूचा जीवन प्रबंधन है। भारतीय संस्कृति धर्म को बहुत प्रधानता देती है। श्रीकृष्ण ने तो कहा था—तुम कुछ समय धर्म की रक्षा कर लो तो धर्म

चौबीस घंटे तुम्हारी रक्षा करेगा। भगवान् कृष्ण धर्म के सही अर्थ और उसकी व्यापकता को समझते थे, इसलिए उन्होंने मानव मात्र को इसके पालन और रक्षा का पाठ पढ़ाया। पांडवों ने सदैव श्रीकृष्ण की बात समझी, मानी तथा आत्मसात् भी की और धर्म के प्रति यही आस्था महाभारत के युद्ध में उनकी विजय का कारण बनी।

जीवन के किसी भी क्षेत्र को ले लें, विज्ञान और तकनीक के इस दौर में साधनों और सुविधाओं की कोई कमी नहीं है। हर क्षेत्र में मनुष्य तरक्की कर बहुत आगे बढ़ चुका है, परंतु धार्मिक मान्यताओं, सद्भाव और नैतिक मूल्यों का इस कदर ह्रास हुआ है कि संपूर्ण मानवता ही खतरे में पड़ती दिखाई दे रही है। जबकि होना इसका उल्टा चाहिए। यदि हमारे पास सही अर्थों में धर्म है तो मानव मूल्य तो निरंतर विकसित होना चाहिए। सही अर्थ समझ लिया जाए तो जीवन की कई परेशानियों का हल तो धर्म में ही छिपा हुआ है। परंतु विडंबना यह है कि आज सामान्य आदमी धर्म के प्रति जरा भी गंभीर नहीं है।

धर्म का तो आधार ही सत्य होता है। इसलिए स्वामी विवेकानंद के उस भाव को विस्मृत नहीं किया जा सकता, जिसमें उन्होंने कहा था, "कोई भी धर्मावलंबी यह दावा नहीं कर सकता कि सत्य पर सिर्फ उसी के धर्म का अधिकार है और बाकी धर्म झूठे हैं।" इसी आधार पर उन्होंने धार्मिकता, कट्टरता और धर्मांतरण का विरोध किया था। वास्तव में उन्होंने सनातन धर्म को ऐसे विषद रूप में व्याख्यायित किया, जिसका विश्वव्यापी प्रभाव आज भी देखा जा सकता है।

प्रत्येक बारह वर्ष के अंतराल पर उज्जैन में आयोजित होनेवाला सिंहस्थ निश्चित रूप से सनातन संस्कृति का सबसे बड़ा महापर्व कहा जा सकता है। वैसे तो देश में चार स्थानों—हरिद्वार, प्रयाग, नासिक और उज्जैन में कुंभ का आयोजन होता है, परंतु कुछ विशेष योग के कारण उज्जैन में होनेवाले कुंभ को 'सिंहस्थ' कहा गया है और इसलिए इसका महत्त्व बाकी कुंभों से कई गुना अधिक आँका गया है। निर्विवाद रूप से यह संसार का लगभग सबसे बड़ा ऐसा आयोजन होता है, जिसमें भारत के करीब एक अरब हिंदुओं की

आस्था तो जुड़ी है ही, विदेशों में बसे लाखों हिंदूजन भी इसका पुण्य पाने को लालायित रहते हैं। सिंहस्थ अवधि के इस एक माह में हिंदुओं का अपना अलग ही जीवन प्रबंधन होता है। इसलिए मेरे मन में 'हनुमतधाम' की स्थापना का विचार आया और 'जीवन प्रबंधन समूह' ने 2016 के सिंहस्थ में इस नाम से अपना शिविर लगाने का निर्णय लिया।

हनुमतधाम की स्थापना के पीछे मुख्य उद्‍देश्य है श्री हनुमान चालीसा से ध्यान की विधि को विश्व स्तर पर प्रचारित व स्थापित करना। प्रतिस्पर्धा और भागमभाग के इस दौर में जैसे-तैसे आदमी सफलता तो पा लेता है, परंतु उस सफलता के साथ शांति भी प्राप्त हो जाए, यह जरूरी नहीं है। शांति के बिना हर सफलता अधूरी ही मानी जाएगी। फिर ऐसा क्या किया जाए कि सफलता के साथ शांति भी मिल जाए। इसी उद्‍देश्य की पूर्ति के लिए ध्यान का यह फॉर्मूला लाया गया है।

हर आदमी के मन में सवाल उठना स्वाभाविक है कि 'हनुमान चालीसा से ध्यान' आखिर यह है क्या और उससे शांति का क्या संबंध? इसी अहम सवाल का जवाब सिंहस्थ के दौरान हनुमतधाम में मिलेगा, जहाँ एक विशेष कोर्स द्वारा हनुमान चालीसा से शांति प्राप्ति का अचूक मंत्र दिया जाएगा।

चूँकि आज के दौर में हमारे पास सबसे बड़ी कमी है तो वह है समय की। योग-ध्यान जैसी चीजों के लिए किसी के पास ज्यादा समय नहीं है, इसलिए छह-छह मिनट के ऐसे कोर्स बनाए गए हैं, जिनके माध्यम से मनुष्य शांति प्राप्त कर जीवन का आनंद उठा सकता है। इसलिए इस महापर्व का पुण्य प्राप्त करने के लिए उज्जैन आने की इच्छा रखनेवाले हर श्रद्धालु से विभिन्न माध्यमों से मेरा यही अनुरोध रहता है कि हनुमतधाम पधारकर इस कोर्स का लाभ अवश्य लें।

हिंदू धर्म में हर बात को, हर घटना को, जीवन के हर महत्त्वपूर्ण मोड़ के बेहतरीन प्रबंधन के साथ देखा गया है। जीवन प्रबंधन की जो बातें, जो सूत्र आज की आधुनिक संस्थाओं में पढ़ाए या बताए जा रहे हैं, उससे बेहतर प्रबंधन शास्त्रों के माध्यम से हमारे ऋषि-मुनि बहुत पहले ही सिखा चुके हैं।

हिंदुत्व की घोषणा है कि ईश्वर से जुड़ने का सबसे सरल माध्यम है पूजा। कर्मकांड में जब भावना अपना महत्त्व बढ़ाने लगे तो वह पूजा का सही स्वरूप है। नित्य पूजा मनुष्य में चार गुणों का संचार करती है—अनुशासन, परिश्रम, धैर्य और दूरदर्शिता। ये गुण ही हमें सफलता के साथ शांति तक ले जाते हैं। इसलिए हिंदुत्व में पूजा मोक्ष प्राप्ति का साधन माना गया है। चूँकि सिंहस्थ के दौरान भी पूजा-पाठ, दान-धर्म को लोग मोक्ष की ही दृष्टि से देखते हैं, इसलिए भी इस महाकुंभ में हिंदुओं का जीवन-प्रबंधन बहुत महत्त्वपूर्ण हो जाता है।

हिंदुत्व का अर्थ बड़ा व्यापक है। हिंदुत्व यानी एक ऐसी जीवनशैली, जिसमें मनुष्य के विकास व उत्थान के सारे तत्त्व बसे हैं। हिंदुत्व एक संभावना का नाम है, जिसमें कोई भी मनुष्य श्रेष्ठता को प्राप्त हो सकता है। इसे एक धर्म मात्र मान लेना हमारी भूल होगी। धर्म तो यह है ही, साथ में एक समूची जीवन पद्धति, एक श्रेष्ठ प्रबंधन भी है। हालाँकि कुछ लोग हिंदुत्व का मतलब कट्टरपंथ या कट्टरता समझते हैं। इसकी बड़ी वजह उसके पीछे के भाव को नहीं समझ पाना है।

जिस प्रकार बहुत सारी नदियाँ सागर में मिलकर एक हो जाती हैं, वैसे ही विशाल सागर की गहराई लिये हुए है हिंदू धर्म। पृथ्वी के अन्य सारे धर्म नदियों की ही तरह हिंदू संस्कृति के महासागर में समाहित होंगे। इसलिए तो इसको सनातन धर्म कहा है, क्योंकि इसे किसी व्यक्ति या समुदाय ने नहीं चलाया है। वह तो स्वत: ही जीवन के प्रारंभ के साथ ही चला आ रहा है। जब से धरती पर जीवन आया, तभी से सनातन हिंदू धर्म का प्रादुर्भाव हुआ।

जीवन के चार फल माने या बताए गए हैं—धर्म, अर्थ, काम और मोक्ष। आज हर आदमी, चाहे वह किसी भी धर्म को मानने वाला हो, इन चार फलों को चाहता है। हिंदू धर्म की यह बहुत बड़ी विशेषता है कि इसमें इन चार फलों को बहुत अच्छे से जीवन से जोड़ा गया है। धर्म यानी शिक्षा, अर्थ यानी धन, काम यानी परिश्रम-प्रबंधन और मोक्ष यानी सुख के साथ शांति। इसलिए हिंदुत्व को केवल परंपरा के रूप में स्वीकार नहीं किया जा सकता। इसे

मूल्य के रूप में जीवन में उतारना होगा।

हिंदू वह तत्त्व है, जो मानस प्रकृति में भी ईश्वर की महान् सत्ता के दर्शन कराता है। यह अतीत, वर्तमान व भविष्य की संभावनाओं को सदैव साथ लेकर चलता है। हिंदू शब्द विदेशियों की देन है। मध्य-पूर्व एशिया के निवासी हमारे पूर्वजों को हिंदू कहते थे, जो कि सिंधु नदी के इस पार रहते थे। सिंधु का अपभ्रंश रूप ही हिंदू कहलाया। कालांतर में सनातन धर्म को 'हिंदू धर्म' कहा जाने लगा। स्वामी माधवाचार्यजी ने हिंदू या हिंदुत्व की बड़ी सुंदर व्याख्या की है—

'ओंकार मूल मन्त्राध्यः पुनर्जन्मदृढाशयः,
गोभक्तोभारतगुरु हिन्दूहिंसनदूषकः।'

अर्थात्—ओंकार जिसका मूल मंत्र हो, जो पुनर्जन्म में दृढ विश्वास रखता हो, गाय को पूज्य मानता हो तथा जो धर्मग्रहों को जातिच्युत करनेवाला हो वह हिंदू कहा जाने योग्य है। डॉ. राधाकृष्णन ने तो हिंदुत्व को एक व्यवहार, जीवन-पद्धति, सांस्कृतिक परंपरा और जीवन जीने का ढंग बताते हुए समन्वय तथा सहिष्णुता को इसकी पहचान बताया है।

हिंदू धर्म रूपांतरण का विज्ञान है। हिंदुत्व को कोई छोटी घटना मत समझिएगा। जो भी व्यक्ति हिंदुत्व को अपनाने का दावा करता है, उसको अपने जीवन में भीतर तक परिवर्तन लाकर दिखाना होगा। यह कोई आवरण नहीं, बल्कि आचरण है। हम लोगों से यहीं चूक हो जाती है। आवरण से दिखाई देता है कि हम हिंदू हैं, लेकिन आचरण से, व्यवहार से, चरित्र से प्रतीत नहीं होता कि हममें हिंदुत्व का कोई दिव्य प्रकाश भी प्रकट हुआ है। हम जैसे बाहर दिखते हैं, वैसे ही भीतर से भी होना चाहिए। इसलिए आज हिंदुत्व को वो ही सुरक्षित रख सकता है कि जिसका आवरण और आचरण एक होगा।

हिंदुत्व ने प्रकृति को सबसे अधिक मान दिया है। हमने वृक्षों को पूजा, पत्थरों को पूजा और नदियों के रूप में जल को पूजा। अन्य किसी धर्म ने प्रकृति को इतना मान नहीं दिया। हमने समय को परमात्मा से जोड़ा, काल

को भगवान् (महाकाल) कहा है। हमने भूत, वर्तमान और भविष्य की नई परिभाषाएँ गढ़ी हैं। जो दुनिया का कोई धर्म नहीं करता, वह सिर्फ हिंदू धर्म ने किया है। हिंदू धर्म के किसी भी ग्रंथ को उठाकर देखें तो पाएँगे, उसमें यही सूत्र छिपा होगा कि त्याग कीजिए और संयम के साथ जीवन बिताइए।

हिंदुत्व एक ऐसी जीवन-पद्धति है, जिसमें समन्वय और सहिष्णुता एक साथ गुँथे हुए हैं। जितना युक्तियुक्त और विज्ञानमय हिंदू धर्म है, उतना और कोई धर्म नहीं। शास्त्रों में कहा गया है कि जो हिंसा से दुःखी हो, वह हिंदू। जो गौमाता की रक्षा करे, वह हिंदू। जो ओंकार को माने, वह हिंदू। जो पुनर्जन्म में विश्वास करे, वह हिंदू। जो प्रतिमा की पूजा और वेद को स्वीकार करे, वह हिंदू है। यह हिंदू और हिंदुत्व की सामान्य सी परिभाषा है। भारतीय हिंदू संस्कृति को हमारे ऋषि-मुनियों ने चार ऐसे ग्रंथ दिए हैं, जिनमें न केवल हिंदू बल्कि मानव मात्र के लिए जीवन प्रबंधन के अहम सूत्र छिपे हैं। यदि इनकी व्याख्या की जाए तो हिंदू और हिंदुत्व का एक नया ही अर्थ निकलकर आता है, जिसमें समूचा जीवन प्रबंधन समाया है।

सिंहस्थ दान-धर्म, पूजा-पाठ और आस्था का महापर्व तो है ही, जीवन प्रबंधन की कला जानने का विरला अवसर भी होता है। इस दौरान एक माह की अवधि में विभिन्न संत-महात्माओं और विद्वानों द्वारा हिंदू धर्म ग्रंथों पर आधारित जो कथा-प्रवचन होते हैं, यदि उन्हें सुनकर आत्मसात् कर लिया जाए तो उसके बाद जीवन प्रबंधन सीखने के लिए शायद ही कुछ बचा रह जाएगा। क्योंकि रामायण हमें जीवन सिखाती है, महाभारत रहना, गीता करना और भागवत हमें मरना सिखाती है। और ये सारे सूत्र सिंहस्थ के दौरान उज्जैन की धरती पर बिखरे मिलेंगे। जितना समेट सकें, समेट लीजिए, आत्मसात् कीजिए और श्रेष्ठ प्रबंधन के साथ जीवन का आनंद लीजिए।

हमारे हनुमान··· !

□

कुंभ सिंहस्थ महापर्व : परंपरा प्रमाण और गणना

—पं. आनंद शंकर व्यास

सहस्रं कार्तिके स्नानं, माघे स्नानि शतानि च।
वैशाखे नर्मदा कोटिः, कुम्भ स्नाने तत फलम्॥

हजारों स्नान माघ कार्तिक मास में, सैंकड़ों स्नान माघ में किए हों और करोड़ों बार वैशाख में नर्मदा स्नान से जो पुण्य मिलता है, वही पुण्य एक बार कुंभ स्नान करने से प्राप्त हो जाता है।

(विष्णु पुराण)

अश्वमेध सहस्राणि वाजपेय शतानि च।
लक्षपदक्षिणा भूमध्या कुम्भ स्नानं तत फलम्॥

हजारों अश्वमेध, सैकड़ो वाजपेय यज्ञ, पृथ्वी की लाखों प्रदक्षिणा करने पर जो फल मिलता है, वही फल कुंभ स्नान पर भी मिलता है।

(विष्णु पुराण)

युगों से अर्जित पापों से मुक्ति

प्रयागे माघ मासे तु पुष्करं कार्तिके तथा।
अवन्ति माधवे मासे पापं हन्येत युगार्जितम्॥

प्रयाग में माघ मास, पुष्कर में कार्तिक व अवन्ति यानी उज्जैन में वैशाख मास में स्नान करने से युगों में अर्जित पापों से मुक्ति मिलती है। इस

तरह पुराणों में दिए गए वर्णन के अनुसार जनता तीर्थ स्थान पर होनेवाले कुंभों व सिंहस्थ पर्वों पर स्नान-दान आदि करती है।

सिंहस्थ कुंभ पर्व का पौराणिक सार

पुराणों में दी गई समुद्र-मंथन की कथा को लेकर सिंहस्थ महापर्व की परंपरा है। देव-दानवों में हमेशा वैमनस्य रहा, लेकिन एक समय ऐसा भी आया था, जब दोनों में समझौता हो गया था। दोनों ओर के प्रमुखों ने विचार-विमर्श के बाद यह निर्णय लिया कि हम लोगों ने पृथ्वी का चप्पा-चप्पा तो देख ही लिया है। अब खोज करने के लिए सिर्फ सागर ही शेष है। समस्त भू-मंडल को घेरे हुए यह समुद्र रत्नाकर के नाम से प्रसिद्ध है। इस सागर में अनेक अमूल्य रत्न व अमृत दबा हुआ है। विलक्षण शक्ति वाले सभी देवताओं में समुद्र-मंथन को लेकर बहुत उत्साह था, लेकिन समुद्र-मंथन कोई साधारण काम नहीं था। संगठन, श्रम और तपस्या सफलता के कदम हैं। इसलिए सागर के मंथन के लिए मंदराचल पर्वत को मथनी बनाने की योजना बनाई गई। सर्पराज वासुकिको रस्सी के रूप में आमंत्रित किया गया। इस तरह मंदराचल को मथनी व वासुकि को रस्सी बनाकर समुद्र मंथन का काम शुरू कर दिया गया। सर्प के मुख की ओर दानव व पुच्छ की ओर देवता समुद्र मंथन में जुटे हुए थे। मंथन की भीषणता से तीनों लोक काँप रहे थे। सागर के जीव-जंतु व सागर की दुर्दशा तो अकल्पनीय थी। जैसे कि संगठन के आगे सबको झुकना पड़ता है। इसलिए देव-दानवों की संगठनात्मक शक्ति के सामने समुद्र को भी झुकना पड़ा। फलस्वरूप 14 रत्नों के साथ क्रमशः अमृत कलश भी बाहर आ गया। इस तरह अमृत प्राप्ति से देवताओं व दानवों में प्रसन्नता का वातावरण छा गया। देव व दानवों का श्रम समाप्त हो जाने के कारण वे अपनी थकान भी भूल चुके थे। दोनों ही अब छल से अमृत कलश हड़पने की कूट चालें सोच रहे थे। तभी देवराज इंद्र ने अपने पुत्र जयंत को कलश लेकर भागने का इशारा किया। जयंत कलश लेकर भाग गया। दानवों को देवताओं की चाल समझते देर नहीं लगी

और देव व दानवों में भयानक युद्ध छिड़ गया। यह संग्राम देवताओं के 12 दिन यानी मनुष्यों के 12 वर्षों तक चला। इस संग्राम के दौरान चार स्थानों पर जयंत दानवों की पकड़ में आ गया। आपसी संघर्ष और छीना-झपटी के बाद कुछ बूँदें इन्हीं स्थानों पर गिरी थीं। दानवों ने अमृत कलश छिनने के लिए अपनी सारी शक्ति लगा दी थी, लेकिन देवताओं की संगठन शक्ति के कारण सफल नहीं हो पाए। देवों में से सूर्य, चंद्र व गुरु का कलश संरक्षण में विशेष सहयोग रहा। चंद्र ने अमृत-कलश को गिरने से, सूर्य ने फूटने से व बृहस्पति ने असुरों के हाथों में जाने से बचाया था।

चन्द्र प्रस्त्रावणाद् रक्षां सूर्यो विस्फोटनानद्धौ।
दैत्यभ्यश्व गुरु रक्षां सौरिदेवेन्द्रजाद्धदद्यात्॥

इस कारण तीनों ग्रहों की विशेष स्थिति में उन्हीं चारों तीर्थों में, जहाँ अमृत की बूँदें गिरी थीं, कुंभ पर्व मनाए जाने की परंपरा है। प्रयाग, हरिद्वार, नासिक व उज्जैन ही वे चार तीर्थ हैं, जो अमृत बूँदों के पात से अमृत्व पा गए। धार्मिक मान्यता है कि यहाँ अमृत की बूँदें गिरने से पवित्र नदियाँ अमृतमयी हो गईं।

सिंहस्थ कुंभ पर्व का काल-निर्णय

हमारे धार्मिक कर्म संकल्प आदि का सबंध अनुष्ठान व बार्हस्पत्य वर्ष को लेकर है। हर तरह के धार्मिक काम दो ही चीजों से बँधे हैं—संकल्प और बार्हस्पत्य वर्ष से। सिंहस्थ कुंभ पर्व भी बार्हस्पत्य वर्ष में मनाए जानेवाले प्रमुख पर्वों में से एक है। इन पर्वों का संबंध गुरु चक्र-भ्रमण के अनुसार है। गुरु का एक मध्यम राशि भोगकाल 361 दिन, 1 घटी व 36 पल दिया हुआ है। यह गुरु का वर्षमान है। बृहस्पतेमर्ध्यमराशि भोगसंवत्सरा सांहितिका वदन्ति। मध्यगत्थाभभौगेन गौरवत्सर दिया है। समुद्र मंथन की कथा से स्पष्ट है कि अमृत कलश संरक्षण में सूर्य, चंद्र व बृहस्पति आदि का महत्त्वपूर्ण सहयोग रहा है। इन ग्रहों के उसी विशिष्ट योग के अवसर पर कुंभ पर्व मनाने की परंपरा है। जिस विशेष पर्व योग पर अमृत की बूँदें गिरी थीं।

सूर्य, चंद्र और बृहस्पति के सहयोग से कुंभ पर्व

सूर्येन्दु गुरु संयोगस्तद्राशौ यत्र वत्सरे।
सुधा कुम्भ प्लवे भूमौ कुम्भो भवति नान्यथा॥

इस प्रमाण के अनुसार अमृत बूँद पतन के समय जिन राशियों में सूर्य, चंद्र व गुरु की स्थिति रही है, उन्हीं राशियों में सूर्य, गुरु व चंद्र का संयोग होने पर कुंभ पर्व होता है। कहा गया है, कुंभो भवति नान्यथा यानी इन ग्रहों के अभाव में कुंभ पर्व नहीं हो सकता है।

देवानांद्वादशाहोभिर्भत्येद्वादश वत्सरैः।
जायन्ते कुम्भपर्वाणि तथा द्वादश संख्यया॥
तत्राधुनात्तैयनृणौ चत्वारो भुवि भारते।
अष्टौ लोकान्तरे प्रोक्ता दैवे गर्भ्या न चेतरै॥
पृथ्वियां कुम्भयोगस्य चतुर्था भेदे उच्यते।
विष्णुद्वारे तीर्थराजे अवन्त्यां गोदावरी तटे।
सुधाबिन्दु विनिक्षेपात् कुम्भपर्वेति विश्रुतम्॥

यानी देवताओं के 12 वर्ष और मनुष्यों के 12 वर्ष में कुल 12 कुंभ पर्व होते हैं। पृथ्वी पर मनुष्यों के चार कुंभ और शेष 8 कुंभ पर्व लोकांतर देवताओं के होते हैं। अमृत बूँदों के पतन से पृथ्वी के चार कुंभ हरिद्वार, प्रयाग, नासिक व अवंतिका में मनाए जाते हैं। ऊपर दिए गए सूर्येंदु गुरु संयोग व देवानां द्वादशहोभि के जो प्रमाण दिए गए हैं, उन पर विचार करें तो प्रथम श्लोक के अनुसार सूर्य, चंद्र और गुरु की निर्देशित राशियाँ पर्व के लिए जरूरी है। इनमें से सूर्य व चंद्र तो प्रतिवर्ष उपलब्ध हो जाते हैं, लेकिन गुरु 12 वर्ष में ही उस राशि में आता है। इसलिए दूसरा प्रमाण यानी द्वादशहोभि भी सामने आता है। अधिक बार 12 वर्ष में होते रहने से इस वाक्य को केवल रूढि पोषक ही कहा जा सकता है, क्योंकि हमारी परिभाषाएँ 12 वर्ष का दिन व 30 दिन का माह कहती हैं, लेकिन अधि मास में 13 मास व किसी साल क्षय मास होने पर भी उसे वर्ष ही कहना पड़ता है। एक पूर्णिमा से दूसरी पूर्णिमा के बीच का अंतर 21, 30 व 31 दिन होते हैं। फिर भी उसे अपूर्ण न कहते हुए पूर्ण मास के रूप में ही स्वीकार करते हैं। यह तो गणित

का सिद्धांत है, लेकिन हम 30 दिन का मास होने पर 30 वे दिन ही पूर्णिमा मानेंगे, ऐसा नहीं कह सकते। पूर्णिमा जब होगी, तभी मानी जाएगी। इसी तरह सूर्येंदु गुरु का संयोग होने पर ही सिंहस्थ होगा।

12 वर्ष वाली रूढिगत परंपरा स्थायी नहीं

सूर्येंदु गुरु संयोगस्तद्राशौ यत्र वत्सरे श्लोक में निर्देशित सूर्य-चंद्र तो प्रतिवर्ष मिल जाते हैं, केवल गुरु ही लगभग 12 वर्ष में आता है। 12 वर्ष के बाद प्राप्त होनेवाला गुरु ही यह विशेष संयोग बनाता है। सूर्य और चंद्र तो प्रतिवर्ष मिलता है, यदि उनका ही विशिष्ट योग होता तो हर साल कुंभ होता। फिर 12 वर्ष की तपस्या किसलिए? क्योंकि इन पर्वों में गुरु राशि ही प्रधान है और गुरु प्राय: 12 वर्ष में प्राप्त हो जाता है, लेकिन हमेशा नहीं। सूर्य व चंद्र के अंतर से क्षयधिमास होते हैं। अंग्रेजी तारीखों से हर चौथे वर्ष यानी लीप ईयर में एक दिन बढ़ाकर फरवरी 29 दिन की करनी पड़ती है। ठीक उसी तरह सौर बार्हस्पत्य के अंतर से लुताब्ध होता है। लुताब्ध के लिए भारतीय ज्योतिष शास्त्र के पृष्ठ 189 में बार्हस्पत्य मानाने सुमारे 85 वर्षात् एकसंवत्सरा चा लोप हो तो लिखा है। सूर्य का वर्षमान 365 ।15 ।31 दिनादि होता है। गुरु का वर्षमान 361 ।1 ।36 दिनादि हो जाता है। दोनो में दिनादि अंतर 4 । 13 । 55 है। 12 वर्ष में यह अंतर 12×4 । 13 । 55= 50 । 47 दिनादि हो जाता है। यही अंतर 12×7= 84 वर्ष में 355 दिन, 29 घटी, लगभग 1 साल के बराबर हो जाने से 85 सवायव वर्षों में जाकर गुरु 12 वर्ष वाली प्रतिज्ञा निभा सकते हैं, लेकिन सातवाँ पर्व 11 वर्ष के अंतर से ही स्वीकार करना पड़ेगा और तभी हम सूर्येंदु गुरु संयोग के अनुसार गुरु की निर्देशित राशियों को कायम रखते हुए, शास्त्र मर्यादा व पूर्व परंपरा के अनुसार अनंतकाल तक पर्व मनाते रहेंगे।

चारों तीर्थों में कुंभ पर्व के लिए गुरु चंद्र और सूर्य की निर्दिष्ट राशियाँ

समुद्र-मंथन की कथा को लेकर प्रयाग, नासिक, उज्जैन व हरिद्वार में अमृत बूँद गिरने से चारों तीर्थों में कुंभ मनाने की परंपरा है। उक्त चारों तीर्थों

के कुंभ पर्व के लिए स्कंद पुराण में गुरु चंद्र व सूर्य की राशियों के लिए ये प्रमाण प्राप्त होते हैं।

प्रयाग

मकरे च दिवनाथे बृषराशिस्थिते गुरौ।
प्रयागे कुम्भयोगो वै माघमासे विधुक्षये।
मेषराशितेजीवे मकरे चन्द्रभास्करौ।
अमावस्या तदा योगः कुम्भाख्यतीर्थनायके।

माघी अमावस्या को मकर राशि में सूर्य–चंद्र हों व वृष मे गुरु हो, दूसरे प्रमाण में मेष का गुरु हो तो प्रयाग में कुंभ पर्व होता है। यहाँ भी लगता है, 12 वर्ष वाली जिद्द को लेकर ही कभी यहाँ का पर्व मेष राशि के गुरु को छोड़कर वृष राशि के गुरु में होने लगा होगा और तब मूल वाक्य में वृष राशि स्थिते गुरौ वाला वाक्य जोड़ दिया होगा।

हरिद्वार

कुम्भराशिगतेजीवे यद्दिने मेषगोरविः
हरिद्वारे कृत स्नानं पुनरावृतिर्जनम्॥
पद्मिनीनयके मेषे कुम्भराशिगते गुरौ।
गङ्गाद्वारे भवेद्योगः कुम्भनामात्तदोतभैः॥

कुंभ राशि के गुरु में जब मेष राशि का सूर्य हो, तब गंगा तट हरिद्वार पर कुंभ पर्व होता है।

नासिक

सिंहराशिगते सूर्ये सिंहराशौ बृहस्पतौ।
गोदावर्या भवेत्कुम्भपुनरावृतिवर्जनाः॥

सिंह राशि के गुरु में जब सिंह राशि का सूर्य हो, तब गोदावरी तट पर कुंभ पर्व होता है।

उज्जैन

मेषराशिगते सूर्ये सिंहराशौ बृहस्पतौ।
उज्जयिन्यां भवेत्कुम्भःसर्वसौख्य विवर्धनः॥
मेषराशिगते सूर्ये सिंहराशौ बृहस्पतिः।
कुम्भयोगसविज्ञेयःभक्तिमुक्ति प्रदायकः॥
सिंहराशिपतेजीवे मेषस्थे च दिवाकरे तथा।
माधवेधवले पक्षे सिंहजीवेत्वजेरविः॥

आदि प्रमाणों से यहाँ का कुंभ पर्व सिंहराशि के गुरु में मेष का सूर्य आने पर मनाया जाता है। नासिक और उज्जैन के कुंभ पर्व सिंहस्थ के नाम से प्रचलित हैं, अतः यहाँ सिंह का गुरु छोड़कर पर्व की कल्पना नहीं की जा सकती है।

उज्जयिनी के पर्व का निर्णय यहीं के विद्वानों के द्वारा होता रहा

कुंभ-सिंहस्थ जैसे पर्वों का काल निर्णय, परंपरागत प्रमाण, व्यतीत व भावी ग्रहस्थिति को दृष्टिगत रखकर करना चाहिए। स्थल विशेष का परंपरागत साहित्य स्थानीय विद्वानों में ही उपलब्ध होता है। इसलिए पर्व के काल निर्णय की परंपरा भी प्रायः स्थल विशेष के स्थानीय विद्वानों के द्वारा ही रही है। यहाँ भी भू.पू. ग्वालियर राज्य के परंपरागत विद्वानों से पर्व की तिथियों का निर्णय लिया जाता था व उक्त निर्णय के अनुसार पर्व मनाने के लिए राज्य, संत महंतों को आमंत्रित करता था। संत उक्त निर्णय को मानते थे। यह स्थिति भारत स्वतंत्र होने के पूर्व सन् 1945 तक रही है। सन् 1945 के बाद 1953-57 में पहला अवसर था और वहीं से 5-57, 68-9 जैसी भ्रामोत्पादक स्थिति बनती जा रही है।

11 वर्ष के अंतर से भी पर्व मनाए गए हैं

ऊपर बताया जा चुका है कि सर्वदा 12 वर्ष में ही चक्र भ्रमण पूर्ण नहीं होता, बल्कि लुप्ताब्दवश 84 वर्ष में एक बार 11 वर्ष के अंतर से ही चक्र के

आरंभ में आ जाता है। व्यतीत समय में वि.सं. 1836 के बाद 1847 में 1919 के बाद 1930 में वि.सं. 2002 के बाद 2013 में 11 वर्ष के अंतर से ही पर्व मनाए गए हैं। यदि पिछले समय में बार–बार 11–11 वर्ष के अंतर से ही पर्व नहीं हुए होते और 12 वर्ष वाली स्थायी परंपरा से ही पर्व मनाए गए होते तो अब 2025 के बजाय, 2025= 2028 वि.सं. में यहाँ का कुंभ मनाया जाता और बृहस्पति सिंह राशि के बजाय वृश्चिक में मिलता।

इसी क्रम में भावी पर्व वर्ष

सं. 2013 में 11 वर्ष के अंतर से पर्व होकर सं 2025। 2037। 2049। 2061। 2085 तक 6 पर्व 12–12 वर्ष में होते हुए पुनः सं. 2096 से 11 वर्ष के अंतर से यहाँ का पर्व मनाया जाएगा। हमेशा सातवाँ पर्व 11 वर्ष के अंतर से मनाए जाने से बृहस्पति की निर्दिष्ट राशि अनंत काल तक साथ नहीं छोड़ेगी।

उज्जैन में भावी कुंभ महापर्व

सं. 2013 चै.शु. 15 सोमवार, 5 अप्रैल, 2004 से
वै.शु. 15 मंगलवार, 4 मई, 2004 तक
सं 2073 चै.शु. 15 शुकवा़र, 22 अप्रैल, 2016 से
वै.शु. 15 शनिवार, 21 मई, 2016 तक
सँ 2085 चै.शु. 15 रविवार, 9 अप्रैल, 2028 से
वै.शु. 15 सोमवार, 8 मई, 2028 तक
सं 2097 चै.शु. 15 शुक्रवार, 27 अप्रैल, 2040 से
वै.शु. 15 शनिवार, 26 मई, 2040 तक

सं 2096 या 2097 का लेकर संभवतः मतभेद आ सकेंगे, जिसका समाधान उसी वर्ष संभव होगा।

12 वर्ष वाली स्थूल परंपरा से यहाँ का सिंहस्थ पर्व समाप्त हो जाएगा

बारह वर्ष वाली स्थूल परंपरा को मान लिया जाए तो यहाँ का पर्व

बृहस्पति की सभी राशियों में होने लगेगा। जैसा कि कुछ लोग हठ के कारण संवत् 2026 में करना चाहते थे, लेकिन सं. 2026 में कन्या का गुरु रहेगा, इसलिए यहाँ से क्रमशः 84 साल तक कन्या के गुरु में ही सिंहस्थ के बजाय कन्यास्थ होंगे। उक्त 84 साल के बाद लुताब्ध का संस्कार न करते हुए 12 वर्ष में ही पर्व मनाएँगे तो यहाँ से 84 साल तक का गुरु मिलता चला जाएगा। इस तरह यहाँ का पर्व गुरु की 12 ही राशियों में घूमते हुए लगभग 1000 वर्ष बाद पुनः सिंह के गुरु में होने लगेगा। यह 12 वर्ष वाला अशास्त्रीय पक्ष हमारे पर्व का इसलामीकरण कर देनेवाला है। जैसे यवनों के पर्व चंद्रमान से होने के कारण सभी मास ऋतुओं में होते रहते हैं, वेसी ही स्थिति कुंभ पर्वों की भी हो जाएगी। यदि हमने हठ से इस परंपरा को स्वीकार कर लिया तो पूर्वशास्त्रीय परंपरा तो नष्ट होगी ही, आगामी 1000 एक हजार वर्ष तक सिंहस्थ नाम के लिए भी पश्चात्ताप करना पड़ेगा; लेकिन वि.सं. 2037 में सभी संत और विद्वानों ने 84 वर्ष में लुताब्दवश 1 वर्ष के संस्कार को समझा और सं. 2037 वि.सं. 1980 में सर्वसम्मति से सिंहस्थ पर्व मनाया था।

हमेशा पर्व कुयोग के संयोग से ही होते हैं

व्यतिपात, वैधृत, अमावस्या, सूर्य-चंद्र के ग्रहण आदि को शुभ दिन नहीं कहते और न इनमें मांगलिक काम होते हैं, लेकिन पर्व की दृष्टि से इनमें दान-पुण्य का विशेष महत्त्व है। इसी तरह सिंह का गुरु भी गुर्वादित्य दोष के कारण दूषित काल माना है—

मघादि पञ्च पादेषु गुरुः सर्वत्र निन्दितः।
गङ्गागोदान्तर हित्वाशेषांध्रिषु नदोषकृत्॥
मेषेकर्केसद्व्रतोद्वाहौ, गङ्गागोदान्तरेपिच।
सर्वसिंह गुरुर्वज्याः कलिङ्गे गौड़गुर्जरे॥

इसलिए सिंह का गुरु दूषित काल होने से पर्व के लिए विशेष महत्त्व का रहा है। इसलिए उज्जैन-नासिक के सिंहस्थ पर्व के लिए सिंह का गुरु ही विशेष रूप से प्रमाणों में दिया है। कन्या के गुरु को कोई पर्व नहीं होता।

चारों तीर्थों के पूर्णकुंभ तथा अर्धकुंभ योग का सारांश

प्रयाग में पूर्णकुंभ

माघी अमावस्या में मकर राशि के सूर्य–चंद्र में मेष या वृष राशि का गुरु होना।

प्रयाग में अर्धकुंभ

माघी अमावस्या में मकर राशि के सूर्य–चंद्र के साथ तुला या वृश्चिक राशि में गुरु होना।

नासिक में पूर्णकुंभ

श्रावण में सिंह राशि के सूर्य + गुरु के संयोग से यहाँ पूर्ण कुंभ होता है।

नासिक में अर्धकुंभ

यहाँ अर्धकुंभ नहीं होता है, लेकिन अन्य तीर्थों की परंपरा में कुंभ के गुरु सिंह के सूर्य व श्रावण मास में ऐसे योग बनते हैं।

उज्जयिनी में पूर्ण कुंभ

यहाँ का कुंभ पर्व सिंह राशि के गुरु में होने के कारण सिंहस्थ नाम से जाना जाता है। इसलिए सिंह राशि का गुरु मेष का सूर्य व वैशाख मास यहाँ के लिए मुख्य है। इसी समय हरिद्वार में अर्धकुंभ होता है।

उज्जयिनी में अर्धकुंभ

प्रयाग–हरिद्वार की परंपरा में वि.सं. 2007 में दत्त अखाड़े के श्री महंत संध्यापुरीजी ने अर्धकुंभ मनाया था। सिंह राशि से सप्तम राशि कुंभ राशि के गुरु में मेष का सूर्य हो, तब वैशाख मास में उज्जयिनी में अर्ध कुंभ योग बनते हैं। इसी समय हरिद्वार में पूर्णकुंभ होता है।

हरिद्वार में पूर्णकुंभ

कुंभ राशि के गुरु में मेष राशि के सूर्य के दिन हरिद्वार में पूर्ण कुंभ माना जाता है।

हरिद्वार में अर्धकुंभ

कुंभ राशि के गुरु से सप्तम सिंह राशि के गुरु में मेष के सूर्य आने पर हरिद्वार में अर्धकुंभ योग बनता है। इसी समय उज्जैन में पूर्ण कुंभ होता है।

अर्धकुंभी पर्व क्या है?

अर्धकुंभी नाम से अलग से कोई पर्व नहीं है, वास्तव में धार्मिक, आध्यात्मिक व सांस्कृतिक चेतना वाले कुंभ महापर्व का यह मध्य सत्र है। जैसा कि नाम से ही स्पष्ट है, दो कुंभपर्व के मध्य का समय। इसलिए यह स्पष्ट है कि समुद्र-मंथन की कथा, अमृत प्राप्ति और सुरासुर संघर्ष वाले जो आधार या प्रमाण अर्धकुंभ पर्व के साथ नहीं है। मैंने देशभर के प्रमुख विद्वानों व संतों को पत्र लिखकर यह जानना चाहा था कि क्या प्रयाग और हरिद्वार में मनाए जानेवाले अर्धकुंभ के लिए कोई वेद या पुराण में प्रमाण है? तो मुझे यह कहने में कोई संकोच नहीं है कि इस संबंध किसी भी संत-तपस्वी या विद्वानों का उत्तर मुझे प्राप्त नहीं हुआ।

अर्धकुंभी कहाँ और कब मनाई जाती है?

प्रयाग में हर साल माघी मेले का आयोजन होता है। मकर के सूर्य चंद्र योग में माघी अमावस्या को प्रयाग मे गंगा स्नान का विशेष पुण्य पुराणों में वर्णित है। इसी मास और योग में मेष या वृष के गुरु होने पर कुंभ पर्व होता है। 12 साल में एक बार कुंभ पर्व होने से धार्मिक जागृति की दृष्टि से किसी संत तपस्वी की प्रेरणा से 6 वर्ष में अर्धकुंभी नाम से माघ मास में पर्व मनाया जाने लगा। इसके लिए प्रमाण की आवश्यकता भी नहीं है। हर साल माघ मास पुण्य प्रद है, कुंभ से 6 साल पश्चात् माघी मेले का विशाल रूप ही अर्धकुंभ है। तुला या वृश्चिक के गुरु होने पर माघी अमावस्या को प्रयाग का अर्धकुंभ योग बन जाता है। प्रयाग की अर्धकुंभी के अर्धकुंभ पूर्णकुंभ के समान ही संपन्न हो जाता है। यहाँ के अर्धकुंभ की परंपरा भी प्राचीन होने से इसे स्थायित्व प्राप्त हो गया और यहाँ की परंपरा ही शास्त्र बन गई।

उज्जयिनी की अर्धकुंभी पृष्ठभूमि

प्रयाग और हरिद्वार में मनाए जानेवाली अर्धकुंभी से प्रेरणा लेकर धार्मिक, आध्यात्मिक व सांस्कृतिक जागृति के उद्‌देश्य से पूज्य पिताजी (स्व. श्री

संकर्षणजी व्यास) ने उज्जयिनी में भी अर्धकुंभी मनाई जाए, ऐसा निश्चय करके महान् तपस्वी संत सिद्धपुरुष दत्त अखाड़े के श्रीमहंत पीरजी संध्यापुरीजी महाराज और उनके उदारमना भक्त श्री नानूभाई से चर्चा की थी। इसके अनुसार वि.सं. 2007 के वैशाख मास में प्रथम बार उज्जयिनी में अर्धकुंभी मनाने का उपक्रम पीरजी श्री संध्यापुरीजी ने अपने भक्त व शिष्यों के सहयोग से किया था। महंतजी की स्वीकृति के बाद पूज्य पिताजी ने वि.सं. 2007 के श्री महाकाल चैत्रादि पंचांग में अर्धकुंभी पर्व का उल्लेख किया था। जिसके पास रिकॉर्ड में पंचाग हो, वे देख सकते हैं। एक विशाल महारुद्र यज्ञ के साथ वैशाखी पूर्णिमा 2 मई, 1950 को साधु-संत सहित लाखों धर्मपरायण जनता के साथ अर्धकुंभी पर्व पर पवित्र शिप्रा का स्नान करते हुए पुण्य लाभ प्राप्त किया था। उक्त अर्धकुंभी की व्यवस्था स्थानीय स्तर पर जिला प्रशासन और नगरपालिका ने की थी। उक्त समय म्युनिसिपल सेक्रेटरी श्री रामस्वरूप संघवी थे। यद्यपि अर्धकुंभी का आरंभ लघु रूप में ही हुआ था, लेकिन पीरजी के ब्रह्मलीन होने के बाद उनके द्वारा स्थापित परंपरा आगे नहीं बढ़ पाई थी।

उज्जयिनी का कुंभ कलश चक्र

यह चक्र व्यतीत कुंभ पर्व के अनुसंधान में सततरत पूज्य पिताजी की उपलब्धि है। कलश के शीर्ष पर श्रीफल और उस पर्व के मुख्य देव बृहस्पति अपनी पर्व राशि के वाहन पर स्थित हैं। कलश के मुख पर भगवान् विष्णु हिरण्यमयेन पात्रेण के अनुसार तथा कलश कंठ में रुद्र रूप से श्री महाकाल ही प्रणवाकृति से प्रदर्शित हैं। यहाँ महाकाल के प्रणवमय रूप में जलाधारी है, मात्रा यहाँ सर्पमुख है व चंद्र और रुद्रशिर अनुस्वार हो जाते हैं। भगवान् शंकर ने गरल पान किया था, अतएव नीलकंठ हो यहाँ स्वयं अमृतमय कलश के कंठ में बैठकर गले की जलन का शमन करते हुए, गरलहीन सर्प शिप्रा को अपने शिरस्थित सोमलेखा से सोमपान कराते हुए। गंगावतरण रूप में यहाँ महाकाल के शीष से गिरकर शिप्रा अहिवलयाकार हो संपूर्ण क्षेत्र को

वेष्ठित किए हुए है। सोमपान से शिप्रा सोमवती हो अमृतमयी हो रही है। अवंति खंड में लिखा है—

सरित्सोमा समुत्पन्न व्यासते नैव तेजसा,
पृविष्टा सा नदी शिप्रा अमृते नाति पूरिता।
ततः सोमवती शिप्रा विख्याता हयाति पुण्यदा ॥

इसी चक्र में शिप्रा अपने 28 भाग में कृतिकादि नक्षत्र क्रम में भ्रमण करते हुए दिखाई है। हर भाग में 1-1 तीर्थ और 3-3 शिवलिंग दरशाते हुए शिप्रा स्थित 28 तीर्थ और मुख्य 84 लिंग इस चक्र में आ जाते हैं। कलश के कुक्षिद्वय पर सप्तसागर एवं सप्तदीप सांगवेद चतुष्ट्य, मूल में ब्रह्मा एवं मध्य में मातृगण देते हुए कलशस्य मुखे विष्णुः कण्ठे रुद्रसमाश्रितः कलश की स्तुति को यह चक्र साकार कर देता है। कलश के अंतर्गत 28 कोठेवाला अविलय चक्र ही कुंडलिनी चक्र है, सुषुम्ना यहाँ शिप्रा रूप में प्रदर्शित है। इन्ही 84 लिंगों से बार्हस्पत्य भ्रमण के द्वारा पर्व का स्वरूप सिद्ध हो जाता है। अमृत बूँद के पतन से अमृतमयी अवंतिका के कुंभ पर्व पर अमृत कलश में विराजान उज्जयिनी के सभी प्रमुख देवता और तीर्थ के तत्त्व रूप में दर्शन हो जाते हैं। इस तरह चक्र के नित्य दर्शन से श्री महाकालेश्वर आदि के साथ तीर्थ के संपूर्ण देवताओं का स्मरण, दर्शन और पूजन का पुण्य लाभ सहज ही प्राप्त हो जाता है।

□

सनातन संस्कृति के महापर्व सिंहस्थ में हिंदू जागरण

—प्रभात कुमार सोनी 'गुरुजी'

'सिंहस्थ' पर्वों में एक महापर्व है। लाखों-करोड़ों लोगों की भीड़ नहीं, जो किसी मनोरंजनार्थ एकत्र हो। फिर क्या प्रयोजन हो सकता है, जो इतनी में लोगों का आगमन होता है, क्योंकि मनुष्य का स्वभाव है, बिना कारण ही वह इधर-उधर, ऐसे ही नहीं भटकता, जब तक कि उसे कोई लाभ न दिखे। बिना कोई इच्छा या कामना के तो हम भगवान् के मंदिर भी नहीं जाते, वहाँ भी कोई-न-कोई लाभ सिद्ध होना ही चाहिए। भौतिक न सही तो आध्यात्मिक ही सही और कुछ नहीं तो दर्शन मात्र ही सही। इन्हीं सब प्रयोजनों को ध्यान में रखकर पर्वों, महापर्वों व त्योहारों की उत्पत्ति हुई। इन सबका सृजन चाहे पौराणिक हो, कथानक चाहे धार्मिक हो, लेकिन परिणाम व्यावहारिक है, जो समाज में आपसी प्रेम व उल्लास को बढ़ावा देते हैं, मनुष्य को मनुष्य के करीब लाते हैं, ज्ञान का संचार कराते हैं और मनुष्य को परमात्मा की निकटता का आभास कराते हैं। हिंदू धर्म में पर्वों की विशेष महिमा है, जो भारतीय संस्कृति एवं परंपराओं को दरशाती है। ऐसा ही एक महापर्व है सिंहस्थ, जो पृथ्वी पर अवंतिका पवित्र महाक्षेत्र, जिसे अब धार्मिक नगरी उज्जैन के रूप में जाना जाता है, आयोजित होता है।

सिंहस्थ मेरी दृष्टि में कोई मेला या कोई उत्सव नहीं है, यह पृथ्वी पर ज्ञानार्जन करने का, आत्मानुभूति करने का सबसे उत्तम पर्व है। यह कोई

चकाचौंध, चमक-दमक या मन को बहलाने वाली घटना भी नहीं है, बल्कि यह तो असीम ज्ञान व आनंद का वह महासागर है, जिसमें से आप ज्ञान रूपी जितने भी मोती चुनें, वे भी कम हैं, जो जितना इसमें सराबोर हों, उतना ही यह परमानंद प्राप्ति का साधन है। यह महज एक पौराणिक घटना नहीं है। यह उन विशेष 10 महायोगों का संगम है, जो पृथ्वी पर केवल 12 वर्षों में ही बनता है और सिंहस्थ का आयोजन शिव नगरी उज्जैन में होता है। यह तो विश्व की वह घटना है, जिसमें धरती पर मौजूद समस्त साधु-संतों, तपस्वियों, संन्यासियों, योगी एवं ऋषि-मुनियों का महामिलन होता है, जो धरा के पवित्र क्षेत्र उज्जैन में ही संभव है, जहाँ त्रिभुवनपति भगवान् महाकालेश्वर का सान्निध्य होता है। मैं सिंहस्थ के पौराणिक महत्त्व पर न जाते हुए इसके वैज्ञानिक एवं उन विशेष गुणों पर चर्चा करूँगा, जो इसे जीवंत बनाते हैं एवं मनुष्य को एक नया अध्याय उनके जीवन में जोड़ने पर मजबूर करते हैं। मेरी नजर में सिंहस्थ एक असीम ऊर्जा का स्रोत है, ऊर्जा—जो किसी भी कार्य के लिए परम आवश्यक है; ऊर्जा—जो शिथिलता को गतिमान कर दे, ऊर्जा—जो प्रकाश के रूप में अंधकार का नाश कर दे, प्राणवायु के रूप में ऊर्जा ही तो जीवन प्रदान करती है। ऊष्मा बनकर धरती से अनाज उत्पन्न करती है और अगर यही ऊर्जा मनुष्य में ज्ञान का रूप ले ले तो परमात्मा का साक्षात्कार करा देती है।

सिंहस्थ ऊर्जा का महासंगम है, धरती के कोने-काने से पधारे परम तपस्वी, साधु-संन्यासी एवं महापुरुष, जो इस पर्व के आभूषण हैं, यौगिक ऊर्जा के स्रोत हैं। विद्वाज्जनों की विद्वत्ता, संन्यासियों का संन्यास एवं यौगिकों का तप उन्हें दिव्यता एवं आलौकिक विलक्षणता प्रदान करता है और जब कोई दिव्यता को प्राप्त कर लेता है, तब वह साधारण व्यक्ति नहीं रहता, विशेष गुणों से युक्त, भगवत कृपा से सुसज्जित संत हो जाता है। इन संतों का एक जगह एकत्र होना ही सिंहस्थ है। ये वो परम ऊर्जा से भरी विभूतियाँ हैं, जो एक जगह समायोजित हुई हैं, अर्थात् आप अंदाजा लगा सकते हैं कि कितनी सकारात्मक ऊर्जा का उत्सर्जन हो रहा है, पृथ्वी पर इन संतों का

मेला सिर्फ जन-कल्याण के लिए ही तो लगता है और यदि इसका हम लाभ न ले सकें तो हमारा मनुष्य होना व्यर्थ है। आज की भागदौड़ से भरी जिंदगी से हर एक व्यक्ति परेशान है, सिर्फ जीवन जिए जा रहे हैं, लेकिन क्यों? यह नहीं मालूम। खूब धन कमाने के बाद भी सुख-सुविधाएँ तो हैं, लेकिन सुकून नहीं है, संतोष नहीं है। चिंताओं से परे कोई नहीं है। किसी को कमाने की चिंता है तो किसी को उसे सँभालने की। वर्तमान को छोड़ लोगों को भविष्य की चिंता है। एक अजीब सी परेशानी देखता हूँ मैं लोगों के चेहरों पर, भले ही कोई व्यक्त न करे, किंतु समझ में आ जाता है। कारण कई हैं, इच्छाओं का पार नहीं है, मोह को त्याग नहीं सकते, ईर्ष्या करना छोड़ नहीं सकते, सहयोग की जगह प्रतिस्पर्धा में विश्वास करते हैं। सिर्फ अपने लिए ही जीते हैं, बड़ों का मान-सम्मान; आदर सत्कार तो किंचित् ही देखने को मिलता है, फिर कहते हैं कि हम परेशान हैं।

ये तो संस्कार की बातें हैं, जिसके जितने प्रबल उसका उतना अच्छा जीवनस्तर, ऐसे परिवेश में शांति का अनुभव असंभव है। बदलना होगा अपने जीवन जीने के ढंग को। पहले नैतिक, भौतिक एवं व्यावहारिक परिवर्तन अपने अंदर करने होंगे। जब कहीं स्थितियों में सुधार दिखाई देगा। जीवन का एक उद्‌देश्य निर्धारित करना होगा, जिसमें आपके साथ-साथ आपसे जुड़े लोगों का भी कल्याण निहित हो। लेकिन यह कैसे संभव होगा? इसके लिए तो जीवन में दिशा-निर्देश की जरूरत है, क्या सही है क्या गलत है, बतानेवाले की जरूरत है। चौराहे पर भटक जाएँ तो मार्ग बतानेवाले की जरूरत है। यह सब बताने के लिए तो आपको एक गुरु की जरूरत है। उन दिव्यात्माओं की जरूरत है, जो आपका मार्गदर्शन कर सकें, आपके अंदर की नकारात्मक ऊर्जा को सकारात्मक ऊर्जा में प्रवाहित कर सकें। और सिर्फ संत पुरुष ही यह चमत्कार कर सकते हैं। वे ही हैं, जो कोयले को हीरा बना सकते हैं और ये महापुरुष सिंहस्थ में स्वत: ही बिना प्रयास किए उपलब्ध हैं।

भारत का एक गौरवशाली इतिहास रहा है। यहाँ कई राजाओं, सम्राटों

व चक्रवर्ती सम्राटों ने संतों से मार्गदर्शन प्राप्त कर पृथ्वी पर राज्य किया है, राम राज्य की स्थापना की है। संत ज्ञान की खान होते हैं, इनसे जितना ले सको, ले लेना चाहिए। ज्ञान प्राप्त करने में संकोच कैसा? जब हम हमारे धंधे-व्यापार में, स्वार्थ पूर्ति में संकोच नहीं करते तो संतों की संगति करने में संकोच क्यों करते हैं? सिंहस्थ संतों का महासंगम है। कई विलक्षण हस्तियाँ प्रत्यक्ष एवं अप्रत्यक्ष रूपों में आती हैं, हो सकता है आप उन्हें पहचान ही न पाएँ, किंतु हो सकता है कि वे ही आप पर कृपा बरसा दें और आपका जीवन धन्य हो जाए। जीवन संभावनाओं पर आधारित है। संत कृपा से सब कुछ संभव है। कितने ही किस्से इतिहास में पढ़ने को मिल जाते हैं, जिससे संतों की महिमा का ज्ञान होता है। विवेकानंद जैसे श्रेष्ठ संत को परम तेजस्वी संत स्वामी रामकृष्ण परमहंस ने विश्व में हिंदुत्व की पताका फहराने के लिए तैयार किया था। आज पूरा संसार उनके चरण पूजता है। समर्थ गुरु रामदासजी महाराज ने भी छत्रपति शिवाजी के रूप में एक सबल हिंदू जाणता राजा हमें दिया, जिसने मुगलों से जमकर लोहा लिया, हिंदुत्व का डंका बजाया।

संसार को गीता का ज्ञान देनेवाले भगवान् श्रीकृष्ण ने भी स्वयं उज्जैन में महर्षि सांदीपनि से ज्ञानार्जन किया। इस देश में संतों का दर्जा भगवान् के समान है। भगवान् तो खैर साक्षात् दिखते नहीं, किंतु संत तो अनादिकाल से आज तक सहज उपलब्ध हैं। फिर क्यों उनके दर्शन लाभ से वंचित रहा जाए? सिंहस्थ में सभी महान् संतों का आगमन होता ही है, वे चाहे किसी भी रूप में रहें। किंतु उनका उद्देश्य जगत् कल्याण ही है और इसके लिए उन्हें भी योग्य व्यक्ति की तलाश रहती है, जो उनके कार्यों में, उनके उद्देश्य में सहभागी बन सके। तंत्र हो चाहे मंत्र, अध्यात्म हो या विज्ञान, कथा हो या नाट्य, ज्ञान के वे सभी रूप सिंहस्थ में होते हैं और उनको जाननेवाले सिद्धस्थों की भी यहाँ भरमार होती है। जो विद्या आपको अपनी ओर आकर्षित करती हो, उसका पूर्ण ज्ञान यहाँ लिया जा सकता है और यदि कुछ भी नहीं हो तो कम-से-कम आंतरिक नकारात्मक ऊर्जा का शमन हो

जाता है। क्योंकि जहाँ इतने उच्च कोटि के संतों का वास हो और स्वयं राजाधिराज भगवान् महाकाल विराजते हों, मोक्ष प्रदान करनेवाली उत्तरवाहिनी पुण्य सलिला माँ शिप्रा के जल का स्पर्श हो तो परम शांति का अनुभव तो होना ही है। किंतु यह शांति चिरस्थायी बनी रहे, आप स्वयं भी भगवत् प्राप्ति का मार्ग जान सकें। इसका प्रयास जरूर करना चाहिए और इसके लिए सिंहस्थ महापर्व से अच्छा कोई विकल्प हो ही नहीं सकता। क्योंकि यहाँ संतों के रूप में परम विलक्षण विभूतियाँ सहज ही उपलब्ध हैं, जो आपके प्रश्नों और इच्छाओं का समाधान कर सकती हैं। इसलिए इनके सान्निध्य का लाभ लेना चाहिए। आजकल मैं देखता हूँ कि लोगों का तीज-त्योहारों के प्रति रुझान कम होता जा रहा है, विशेषकर हिंदुओं में जो अधिक पढ़े-लिखे लोग हैं, वे सिर्फ अपना भविष्य निर्धारण करते हैं, जिसमें सिर्फ उनका निजी हित छिपा रहता है। देश, समाज, हिंदुत्व से उनका कोई लेना-देना नहीं है। ऐसे परिवेश में हमारी हजारों वर्ष पुरानी गौरवमयी सनातन परंपरा का हनन हो रहा है।

जब माता-पिता ही संस्कार फूँकने में कमी रखेंगे तो संतान में सेवा, सद्भाव, सहयोग की भावना कैसे जन्म लेगी? हिंदुत्व कैसे सुरक्षित रह सकेगा? अन्य बाहरी असामाजिक शक्तियाँ हम पर हावी हो रही हैं, क्योंकि हम हमारे प्राचीन सनातन मार्ग से भटक चुके हैं। पाश्चात्य की ओर बढ़ रहे हैं, जबकि वे हमारा अनुसरण कर उन्नति कर रहे हैं। नासा जैसी कई विश्व की बड़ी-बड़ी संस्थाओं में भारतीयों का बोलबाला है, क्योंकि ज्ञान में हम आज भी अव्वल हैं। हिंदुत्व तभी सफल होगा, जब वह ज्ञान एवं विज्ञान में, संस्कारों में दूसरे से श्रेष्ठ होगा। हमें अपनी आनेवाली पीढ़ी को बताना होगा, समझाना होगा, हमारी प्राचीन उन्नत परंपरा के बारे में हमारे गौरवशाली इतिहास के बारे में, हमारे ऋषि-मुनियों द्वारा प्रदत ज्ञान के बारे में, तब हमारी पीढ़ी समझेगी कि हम क्या हैं, हिंदू क्या है, हिंदुत्व क्या है? ज्ञान-विज्ञान में हमारा कोई सानी न था, न है और न होगा। भारत विश्वगुरु था और पुनः उसी मार्ग पर अग्रसर है। इसलिए भारतवर्ष में तीज-त्योहारों तथा

सिंहस्थ जैसे महापर्वों का आदिकाल से ही सृजन किया गया। जिससे समाज आपस में एक हो सके, ज्ञान का संचरण हो सके, सनातन धर्म एवं इस धरा का रक्षण हो सके। देश की रक्षा व अखंडता के लिए यहाँ के युवा लड़ सकें। यही हमारे ऋषि-मुनियों का संदेश है, जो अनादिकाल से आज तक गतिमान है। इसीलिए सिंहस्थ जैसे महापर्व से प्रत्येक हिंदू को जुड़ना चाहिए, ये हमारी एकता के प्रतीक पर्व हैं। हमारी एकता ही राष्ट्रीयता है और यदि हम एक हैं तो सरकारें भी हमारे हितों की उपेक्षा नहीं कर सकतीं। अन्य क्रूर शक्तियाँ अपना फन नहीं उठा सकतीं।

मेला तो एक बहाना है, यह तो हिंदुत्व का महासंगम है। जहाँ इतनी बड़ी संख्या में हम एकजुट होते हैं, वह भी हमारे महापुरुषों के सान्निध्य में और वे हमें जीवन में सुदृढ व श्रेष्ठ बनने का मार्ग बताते हैं। हिंदुत्व जागरण के लिए रोज सुबह उठे नहीं, बल्कि जागें, एक नए ध्येय व उद्देश्य के साथ। हमें एक होना होगा अपने देश के लिए, अपने अस्तित्व की रक्षा के लिए। हिंदू जागरण कोई भजन-कीर्तन या मंदिरों में पूजा-पाठ नहीं है, अपितु विचारों की वह पाठशाला है, जिसमें पढ़ने के बाद व्यक्ति देश व राष्ट्रीयता के लिए कोई ठोस कदम उठाए। आइए, हमारी संस्कृति व ज्ञान को, हमारे विचारों को, उस शीर्ष तक पहुँचाएँ, जहाँ से दुनिया के दूसरे देश हमारे जैसा बनने का प्रयास करें। सिंहस्थ 2016 में हमारे ट्रस्ट संत परमार्थ आश्रम द्वारा भी भक्तों एवं आगंतुकों हेतु यथासंभव मूलभूत सेवाएँ अनवरत जारी रहेंगी, जिसमें निःशुल्क अन्न क्षेत्र, योग्य चिकित्सकों द्वारा निःशुल्क चिकित्सकीय सेवाएँ, यात्रियों हेतु विश्राम आदि की सेवाएँ सम्मिलित हैं। साथ ही विद्वज्जनों के श्रीमुख से श्रीमद्भागवत कथा एवं रामकथा रूपी ज्ञानगंगा प्रवाहित होगी। सत्संग, अध्यात्म एवं स्वाध्याय पर चिंतन-मनन होगा। लोगों के कष्ट, व्याधियों एवं तनाव को दूर कर उन्हें अध्यात्म से जोड़ना, संसार में रहकर भी उन्हें परमात्मा की अनुभूति कराना ही मेरा उद्देश्य है। यह अवंतिका शिव-भूमि है, जहाँ चिता की भस्म रमानेवाले भगवान् शिव कण-कण में व्याप्त हैं। यहाँ किए जानेवाले यज्ञ-हवन, ध्यान,

तप, योग–साधनाएँ एवं भजन कीर्तन शीघ्र ही फलदायी होते हैं। यही इस भूमि का प्रताप है, क्योंकि यहाँ तो घर–घर शंकर हैं, कंकर–कंकर शंकर है। यह सिंहस्थ महापर्व हमारे जीवन में ज्ञान एवं परमानंद का एक नया अध्याय लेकर आए और हम ईश्वर के सान्निध्य की ओर एक कदम बढ़ाएँ, इन्हीं विचारों के साथ मैं सिंहस्थ महापर्व की शुभकामनाएँ प्रेषित करता हूँ।

इति शुभम्।

□□□